樹木教我的人生課

遇到困難時，我總是在不知不覺間，
向樹木尋找答案……

나는나무에게
인생을배웠다

禹鍾榮 우종영 著｜盧鴻金 譯

目錄

【推薦序一】

樹木是最好的老師

胖胖樹 王瑞閔
植物科普作家

無論是否曾有過近距離觀察樹木或種樹的經驗，面對挫折，樹木都是最好的老師。《樹木教我的人生課》是一篇又一篇人與樹之間感人且勵志的故事，文字流暢且情感真摯。我想，或許因爲自己與作者同樣都是愛樹人，長時間與樹木相處，所以作者的描述讓我心有戚戚焉，閱讀過程中總是不斷想到自己也曾經從樹木的生長中獲得相似的生命智慧。

【推薦序二】

樹木是我們的好朋友

詹鳳春 老師
國立臺灣大學 園藝暨景觀系兼任助理教授
日本樹木醫第1899號

樹木，從古至今都是人類最忠實的朋友。但也因爲人類的文明，大自然資源被肆無忌憚地索取而面臨危機。如今，眼前陪伴我們朝夕相處的參天大樹，逐漸消失匿跡。一旦失去珍貴的老樹，不僅無法複製，更是無法再生的自然資源。儘管如此，我們依舊可以看到，許多樹木遭受摧毀。面對這些樹木的無聲訴說，更是千般的不捨與悲痛。

近年來，自然保護也漸漸喚起了人們對樹木的關注，而樹木醫的工作也就成爲保護樹木、捍衛生態的重要角色。隨著地球環境的變化、都市化以及環境壓力，不斷出現樹木衰退趨勢。樹木醫的工作，並非只有治療及延命措施。必要時爲了維持自然環境、土壤及樹群等生態平衡，也會採取「伐木」等處理措施。尤其，當發現傳染病害且可能危及至其他樹木時，就必須執行修剪或伐除工作。至於看顧樹木到衰老枯死，也是樹木醫的重要工作之一。

《樹木教我的人生課》敘述樹木的醫治歷程，也道出樹木的生存智慧與人之間的互動。樹木不同於人們可以自行前往看診，往往樹木醫猶如鄉下醫生般，必須拎著醫療箱四處看診醫治。醫治樹木時，面對無法以言語傳達的樹木患者，一心專注著，探索究竟爲何而枯損及衰弱？然而，救治人與醫治樹木，許多道理觀念是相通的。當靠近樹木病患時，必須藉由敏銳的觀察力以掌握樹木平時的生活習慣。這好比，「您貴姓？年齡？有沒有常喝水？有沒有適當休息。」如同問診般的程序。透過觀察樹幹、枝條及葉等各個器官的異常，用嗅覺分辨土壤狀況及腐朽病害，這些都像是樹木發出聲音的「溝通對話」訊息。重要的是，感受其所苦，切其脈。樹木不同於人類，頭在下，根系爲它們的嘴巴，而葉子爲鼻子進行呼吸。當面臨枯損危機的病患，樹木醫也必須切其脈絡以確認根系受損程度。總之，被診斷出的狀態，都是只能綜合分析，不能數字計算。因此，醫治樹木是一門浩大精深的學問，光只是靠知識學識是不夠的，還必須有經年累月的臨床經驗。此外還必須深知樹木各種習性，才能病之進展了然於胸，知己知彼而能百戰百勝。即便如此；先端的樹木治療技術，終究無法戰勝大自然，僅能減輕樹木壓力，提升樹木本身的治癒能力。

如何認識樹木，怎樣去感受樹木及了解樹木世界，這其中大有奧妙。樹木醫學是藉由科學及技術層面認識樹木，提供了新觀點。樹木醫與樹木之間的特殊情感，是根源於治療過程的對話。樹木如同人類，同樣擁有各種不同性格與特質。如櫻花樹，號稱愛好和平之樹，在歷經寒冬而甦醒的冬芽，急忙迎接春天到來，迫不及待盛開並展現團結姿態。反觀梅花樹，受到寒冬襲來更顯其堅毅不拔的開花盛景。而兩者的習性更是大異其趣，俗說，隨便修剪櫻花枝幹爲笨蛋；相對的，不修剪梅花的也爲笨蛋。兩者雖爲同一科屬的家族，櫻花樹因容易腐朽而害怕被修剪。反之，梅花樹的樹幹因腐朽即使僅存樹皮，也象徵了不經一番寒徹骨怎能撲鼻香的精神。不論櫻花或梅樹都具有團結的習性，而樟樹卻少有群生的特質，常見自然地的老樟樹獨自矗立著，就像是土地歷史的最後守護者。

樹木是人類的好朋友，而樹與人之間也有不少動人的故事。其中，百年老樹更是記錄並見證了歷史。樹木醫面對排山倒海的樹木病患，能深深感受文明與自然共生背道而馳。常說：「自然共生，愛惜大自然！」我們也不得不深思理解，如何愛護大自然？爲了與自然共生，須將自身沉浸並融入自然之中，體悟並了解自然與自身的關係。例如眼前巨大的老樹，總是讓人感受到無比震撼及感動。當走進觀察細部，眼前腐朽或斷裂傷痕等在在顯示出老樹與人之間長久以來的關係。這些歷史的傷痕，也記錄著生命力與自然的偉大。

【前言】

希望您也能像樹木一樣，堅強地活下去

「禹先生，我和哪一種樹木相似呢？」

這是我在與人們分享關於樹木的話題時，經常會聽到的提問。我是一個專門治療樹木的「樹木醫師」，從事這個工作不覺間已經超過三十年了。我和一般人相比，待在樹木旁邊的時間較長，深切體會到的事實自然也多一些，其中之一是正如每個人都有屬於自己的個性，這塊土地上存在的所有樹木也都有獨特的性格。不知是否因爲如此，我不自覺地養成了一個習慣，就是見到他人時，會想起與這個人的個性相似的樹木。例如我看到歷經數次失敗，但仍不放棄夢想的後輩時，我會聯想起無論如何修剪，還是會在樹枝末端開花的槐樹；當我看到無論見到何人都毫無爭論、身態柔軟的朋友時，我會想起枝葉搖曳、抵擋風雨的柳樹；當我見到始終如一、予人以信任的同事時，我也會想起千年如一日的紅豆杉。

但事實上，從樹木身上發現人的面貌的，並非我一人而已。樹木一直都在人的身邊，從很久以前開始，人們在炎炎夏日都會躲到樹蔭底下避暑，而且也偶爾會向村口的保護樹傾訴自己內心的痛楚。樹木只要找對位置、立下根基，就至少能活幾百年，到現在為止，樹木究竟懷抱了多少人的故事？

樹木雖然就在我們身邊，但我周圍有很多人總是忽略這個事實。他們對於樹木是否生病毫無關注，雖然會為了室內擺飾或健康的理由將樹木種植在庭院或家裡，但卻經常置之不理，樹木因此未能獲得及時治療而死去的情況所在多有。樹木因為人類的自私和冷漠，導致生病、死亡的情況日益增加，我個人也在無意識中越來越討厭人類。樹木到底有什麼罪？我們為什麼經常忘記它們也都是寶貴的生命，甚至忽略它們保護地球的時間比人類更長的事實？

在心裡憤慨不已的時候，我經常會去看看樹木。有時看到經過數個月的悉心治療後，枯木再次生長出綠芽時，我的心情也會變得極其舒暢。正如照顧病患是醫生的本份，作為一個樹木醫師，照顧生病的樹木對我而言毋寧是極其自然的事。當我看到樹木再次恢復健康，我的心裡也充滿成就感。從我出生到現在，雖然沒有立下什麼豐功偉業，但至少我一直從事的工作是拯救即將凋零的生命，從這點來看，我的人生還是蠻精彩的。

兩鬢霜白之後，我的想法逐漸有所改變。自從我將樹木醫師當作天職以來，雖爲治癒過許多樹木而感到自豪，但經過仔細思考之後，我覺得並非是我照顧樹木，反而是樹木讓我體會到生命的眞諦。我越了解樹木，就越不得不對樹木的古老智慧產生嘆服。

在我連自己都照顧不好的年輕時期，卻成爲一個孩子的父親，當時我根本不知道應該怎樣帶孩子，總是手忙腳亂，我想起在培育樹苗時，越是付出過度關心，越會妨礙其生長的經驗，於是下定決心像培育樹木一樣養育孩子。就像照顧幼苗一樣，我收起想要干涉的念頭，退一步觀察孩子。幸運的是，我的女兒從很早開始就自己選擇她的人生，並且學習到對此負責的方法。

行走人生，當我遇到困難的問題時，我總會在不知不覺間，從樹木身上尋找答案。看到生長在環境惡劣的山巔岩石間的樹木，它們每年都不例外地開花、結果時，我實在無法抱怨自己遇到的困難。當我看到樹木毅然接受自己必須一輩子生長在同一個位置上的宿命時，總會獲得絕不放棄的力量。如果不是因爲樹木，我也不會知道無論如何艱辛，堅持下去才是唯一答案的眞理。

即便是步入人生後半期的現在，我依舊向古老的樹木學習年老的姿態。當我看到樹木的年齡越大，內部愈形空曠，但卻懷抱微小的生命時，我覺悟到樹木毫無保留地分享自己所擁有的、而生命經由放空再次充滿的境界。我雖下定決心畢生要爲樹木而活，並且持續治療生病的樹木，但事實上，我在每一瞬間都得到來自樹木的慰藉，並獲取往前走的力量。

因此我已經下定決心，剩餘的日子一定要像樹木一樣活著。就像樹木一樣，到最後一瞬間爲止都竭盡全力生活，然後毫不留戀地回歸塵土。我祈求自己能沒有後悔、幸福愉快地度過每一天，最終舒服地閉上眼睛。

每一個人的人生都存在只有自己能背負的十字架。擁有生命的所有存在都應該以自己的生命爲代價，負責、堅忍地面對人生。也許人生正如白昌佑詩人發表的詩作中「每天在黑暗中輾轉反側，但只要一天亮，還是懷抱著像狗屎一樣的希望，再次出門」的表現一樣也未可知。在有時跌倒、有時遭遇挫折的日常中，如果有什麼東西是只因它存在就會成爲安慰的話，人生就已足夠。對我而言，樹木正是這樣的存在。

在此意義上，樹木是和平的工匠。它絕不會危害世上萬物，存在本身就可成爲休憩之所，並且能帶來小小的平安。在動蕩崎嶇的生命裡，樹木給予我暫時平復呼吸的從容，讓我這顆被世俗之事動搖，且爲之焦慮的內心平靜下來。這些從樹木身上得到的絕佳禮物、這些我雖未請求，樹木卻毫無保留給出的慰安、這些就在身旁的生命力讓我想跟更多人分享。在四方都是障礙、覺得自己孤單的時候，我誠摯地盼望閱讀這本書的讀者也能從樹木身上得到堅實的生命態度和智慧。

最後，我要向三十年來幫助我，讓我這個樹木醫師能夠最大程度地享受充實生命的妻子和綠色空間的成員表示感謝之意。如果不是他們，這些過去和樹木的共同經驗也許就沒有公諸於世的機會了。最後，我想向這片土地上的所有樹木致謝，直至今日，它們仍持續教導我人生的美好。

二〇一九年九月

禹鐘榮

第一章

向世界上最年長、最有智慧的哲學家——樹木學習

I learned life from trees.
The essential life
lessons from trees,
the oldest and wisest
philosophers in the World.

1

樹木不會因擔憂明天
而讓今天失敗

從首爾清溪山院址谷入口處往梅峰方向出發，循著為登山客的方便鋪設的石階而上，不久後會看到一個小亭子。因為是在入口附近，很容易就此錯過。但如果暫時停下腳步，仔細觀察，在亭子旁邊會發現一棵模樣奇異的松樹。樹身如同跟隨笛子節奏、抬頭挺立的眼鏡蛇一般彎曲著，第一次看到這棵松樹的人都會啞然失笑，接下來一定會問：「樹幹怎麼會彎成這個樣子？」

我是在二十多年前發現那棵松樹的，生長在溪水旁邊的松樹在最初的十餘年間，因為旁邊沒有足以遮擋陽光的大樹，因此身形挺直結實。在經過幼年期，成長為成木之後的某個春天，原本在溪谷上方的橡樹快速生長，並開始侵犯松樹的空間。所有樹木雖都一樣需要陽光，但特別是必須充分接受陽光照射才能長大的松樹不知是否對於比它長得更快的橡樹感到威脅，樹梢（樹幹的最頂端部分，決定樹幹應伸向哪個方向）頂芽開始轉向溪谷方向。幸好溪谷附近沒有垂蔭的大樹，陽光雖然充足，但生長的方向卻爲之改變，樹身自然長成「字形。

如此過了幾年之後，又有　棵溪谷相反側的山櫻樹枝尾端開始伸向松樹，感知到妨礙的松樹又再次轉向溪谷下方，於是松樹就好像有人故意拉彎似地長成ㄈ字形模樣。

要是清溪山松樹的受難歷史到此結束也就罷了，但實際並非如此，其後下端又有一棵山荔枝成爲問題所在。這棵不知在何時開始生長的山荔枝威勢極高地伸展樹枝，松樹又不得不再次轉向。問題是再也沒有可以伸展的空間，也無法再接受陽光的照射，看來松樹的生命最長也不過就是一、兩年了，之後必定會枯死。就在那一瞬間，意想不到的援助到來——剛好該地要蓋一個亭子，於是將松樹上方的橡樹給砍掉了。

已經走投無路的松樹樹梢終於又回到原來的位置，這才鬆了一口氣。即便如此，松樹還是毫不鬆懈，因爲不知何時又會有別的樹木來侵犯自己的空間也未可知。

樹木看起來雖像是恆久不變地持守自己的位置，但事實上卻是對環境的變化最爲敏感的生命體。受到不能移動的限制，環境對於樹木的影響是具絕對性的，如果想生存下去，它對於周邊的微小變化必須迅速加以應對，可說樹木的生命是持續做出選擇的過程。最大程度地伸向太陽，發揮天線作用的樹梢末端如同在艦橋周邊監控的船員一樣，如果發現妨礙航行的障礙物時，必須立即調整方向。樹梢末端分分秒秒密切關注照射樹枝的陽光，如果察覺到些微差異，就會毫不猶豫地轉變方向。選擇不容許任何猶豫，正如同今天就是人生的全部，必須立刻施行選擇。靜靜觀察，樹木似乎對選擇所帶來的結果不甚關注，只是盡全力集中於現在這一瞬間而已。那倒也是，即便是預測結果又有什麼用？因爲沒有人知道未來會發生何種情況。

幾年前偶然有機會見到「脫北者」，他爲了在南韓立下根基，反覆經歷過幾次浮沉，後來對森林生態領域產生興趣。聽說他在北韓曾經是生活相當寬裕的黨員，過得非常順遂，從未遇到困難，但因他的親戚中有一人逃到南韓，於是自己的思想遭受質疑，最終決定帶著所有家人逃離北韓。當時我問了他一個毫無新意的問題：

「北韓生活怎麼樣？」

他的回答讓我感到非常意外，他說自己雖然是別無選擇逃離北韓，但如果不是發生那個令他意想不到的狀況，北韓的生活比南韓好太多。我又問他南韓的哪個部分比北韓差，他回

濱柃木生長在海邊陡峻懸崖等條件惡劣的地方，
即便如此，它仍在每一瞬間盡全力向下扎根，
開拓生命。

答道：

「太難做出選擇了。」

選擇太難？對於這個突兀的回答，我實在無法理解。他好像是從表情讀出了我的想法，接著說下去：

「在北韓不需要做選擇，只要按照黨的指示生活、不要做出違反思想的行動，那麼黨就會給我們住房、衣服、飲食。可是在南韓只要一次選擇錯誤，就會全部完蛋，壓力實在太大。」

從對話中出現「選擇的神經衰弱症狀」來看，對他而言，「選擇」似乎是一種威脅生存的恐懼。

我們人生的所有瞬間都由選擇構成，只是無法意識到而已。要去哪個學校、選擇何種職業，甚至今天中午要吃什麼、去哪裡吃等細小問題，其實都是選擇的持續。根據《國家地理》的報導，人類每天會做出一百五十種以上的選擇，正因爲如此，人類在身處選擇的歧路時，都會受到壓力，因爲選擇不可能達到百分之百完美，但仍希望自己的選擇不會出錯之故。畢竟有誰會希望自己失誤、爲自己犯錯的結果負責呢？

我也曾經有過多次必須做出重要選擇的瞬間。三十出頭的時候，因爲從事的農務失敗，抱著想抓住最後一根稻草的心情在都市四處徘徊。我曾做的只有挖土、澆花、嫁接玫瑰、培育菊花而已，在內心彷徨的當時接受友人的建議，開始學起插花。聽說成功的話，不僅可以解決生計問題，還可以開拓海外市場，於是我開始拚命學習。也許是因爲太過認眞，不久之後，不但可以不交學費，老師甚至說要給我薪水，只要我每天去補習班。其後我的實力大增，沒過多久，電視臺、飯店也開始委託我進行合作。

但我立刻就覺悟到這是個錯誤的選擇，我對於切花的有限性感到懷疑，一心只是想念田野裡青草的芳香。但不分晝夜工作，讓我無暇去山上、田野探望樹木和青草。從某個瞬間開始，手裡的錢雖越來越多，但內心卻總覺得鬱悶。我心想「雖然需要賺錢，但難道只有這個方法嗎？」，最終我中斷了所有正進行的工作，再次將目光轉回到樹木身上，雖然收入減少，但我還是決定回到樹木旁邊。當時我領悟到知曉自己所作的決定是錯誤的選擇時，能夠果斷地跳脫出來是一件非常重要的事。

仔細想來，只有人類才會因爲未來而犧牲現在，更大的問題是面臨選擇時，只是提前畏懼、苦悶，無法成就任何事。

如果讀者發現畏懼未來、犧牲今日的自我，是不是請您回想一下清溪山的松樹？松樹絕不會因爲擔憂明天而葬送今日，如果需要改變方向，那就毫不猶豫地轉向，其結果就是松樹得以長久地挺立，並守住該位置。在人們的眼裡，其形態雖然有些好笑，那又如何？如果知曉松樹爲何不得不長成ㄈ字形，一定會爲其可畏的決斷力咋舌。松樹從不計較後果，只是盡全力於今天這一瞬間的選擇。

千樹千形，意謂一千種樹木會有一千種模樣。每一棵樹木所擁有獨一無二的模樣是將每一瞬間視爲生命的終結，並全心努力的結果。從數億年前到現在，樹木的選擇永遠都是「今天」。

我自封爲樹木醫師已有三十多年的時間，如今已兩鬢霜白，走向人生的後半，但在面臨選擇時，仍舊十分困難。在面對大、小選擇之時，如果發生恐懼伴隨而來的情況，我經常會到山上去，那是爲了看望只活在今天的樹木。爲了讓自己不要去計算尚未到來的明天而葬送今日，我上山傾聽樹木用身體傳達的忠告。

2

什麼都做不了的瞬間，樹木教給我的東西

人生在世，任誰都會經歷意想不到的試煉，我也曾經有過這樣的瞬間。在忙著寫書、講課的五十多歲左右突然接受了腿部手術。我在血氣旺盛的三十多歲時，曾經從山上滾落，導致左膝軟骨破裂，當時我沒有聽從醫生的話，持續爬山，不料這正是禍根。十多年前我爲了從事橡樹枯萎病的防治工作，正爬往山上時，左膝突然疼痛不已，猶如刀割，眞是太痛了，還無法大叫，下山後，立刻去醫院就診，醫生說：

「如果置之不理的話，不要說爬山了，也許你以後連走路都有問題。」

問題是需要動手術的部位還不只左膝一個地方而已，經檢查之後，因爲左膝疼痛，右膝代之以承受大部分的身體重量，當時正呈現損傷狀態，除了兩膝都進行手術之外，別無其它治療的方法。醫生說手術之後會有

一段時間無法出門，我還半信半疑，心想如果手術順利結束，在隔年的春天應該就可以到山上去。

可是我想得太美好了，因爲恢復速度太慢，眼看已經過了兩個季節了。春天結束，時序已經進入新綠的樹木在四處生長的盛夏，可是我什麼都做不了，只能窩在家裡。而因爲行動不便，不要說上山了，我連演講的邀約都必須放棄。

仔細回想，失敗感要比想像的還巨大，我一輩子踏遍全國各個角落，但當時我能做的事情就只是從公寓的窗戶遙望北漢山的山麓。我幾乎有半年的時間足不出戶，只是待在家裡，正如越來越狹窄的活動半徑一樣，我的自信心也爲之減少，取而代之的是不安。每晚上床睡覺時，各種思緒接連不斷湧現，我會不會永遠就像這樣，再也不能爬山了？雙腿接受了手術，我還能像以前一樣治療樹木嗎？就這樣度過痛苦時光的某一天，我突然有了這樣的想法：

「每天都有無數人遭遇到比這更大的事，他們也能活得下去，那接受這微不足道的腿部手術又有什麼了不起呢？不要只認爲做不到，我能做到什麼程度就做到什麼程度吧！」

手術之後在家休養，我領悟到一個非常平凡的事實，那就是「如果什麼也不做，那什麼事情都不會發生」。在改變心態之後，我望向窗外，那些正要變紅的樹木映入眼簾。我看著那些新綠葉尖即將染紅的樹木，當場下定決心，我要拄著拐杖縱走智異山。反正我什麼都沒有，只剩下時間，別人走十步的時候，我走一步就行了。拄著枴杖一步一步慢慢走，如果感到吃力，直接回來就行了。於是我抱著「只走一步」的心態，開始了智異山縱走之旅。

雖然此前爬過無數座山，但像這樣向前邁進時，每一步都集中全力尚屬首次。我用的是將左拐杖往前挪動，邁出右腿，再挪動右拐杖，然後邁出左腿的方式。人們用好奇的眼神看著我拄著枴杖上山，但我並不在意。對我而言，最重要的是即使需要更多時間，也要依靠自己的力量完成縱走。

我第一天從大源寺走到雉田目山莊，這個距離如果是一般人，只需三、四個小時便已足夠，但我從清晨不休息地走到夜深才得以到達山莊，可是內心的喜悅遠勝於過去的任何一次登山。由於步伐緩慢，我連細小的野草都能與之相望，每當呼吸困難，停下腳步時，地上的落葉就會撫慰我疲憊的腳踝。我真後悔，如果早知道會這麼好，我早就應該立刻走出來。如此看來，我過去一直把自己關在自己建造的監獄裡，以致十分痛苦，甚至連邁出一小步都沒有嘗試過。

我在確認拄著枴杖也能爬山的事實之後，從第二天開始就果斷地進行夜間登山（最近已經禁止夜間登山）。我不但在意自己緩慢的步伐會給穿梭在狹窄山路上的群眾帶來不便，更討厭自己看到快步超越我的人們時，自己原本已經平穩的內心變得紊亂。再加上我對山非常瞭解，而且走在不是岩石的林道上，感覺即便是夜晚也不會那麼困難。最重要的是，如果不嘗試的話，根本不知道會發生什麼事情。在過去的六個月裡，被關在家裡其實不也是因為我內心的恐懼嗎？問題不在夜路，而是在我還沒邁開步伐之前就已經猶豫不決的內心。

到了登山客開始減少的下午，我就慢慢地準備出發。天黑之後我將頭燈打開，但除了電燈照射到的地方以外，四周實在是太過黑暗，所以我果斷地關掉電燈，因為過了午夜之後，光線反而更讓人產生恐懼感。關掉電燈、調整呼吸時，雙眼逐漸熟悉黑暗，我開始能夠看見草木的形態，也能聽到隱匿在其間的昆蟲輕聲吟詠。我以更加安詳的心仰望天空，只見繁星閃爍。滿天的星辰好像在對我說，不要擔心，一步一步往前走，只要不放棄，就能到達自己想去的地方。在陽光照射、人們奔忙的白天，我倚靠在岩石或樹背上小睡，從陰暗的晚上走到凌晨，就這樣走了一週，雖比別人多花了兩倍以上的時間，但我還是按照當初的計劃，拄著枴杖順利完成了智異山縱走。

最後一天在老姑壇山頂上看著徐徐升起的太陽，我心想「如果沒有想過拄著枴杖出門，我到死也絕對體會不到這種喜悅。人生眞是不嘗試過就無法知道啊……」

結束智異山縱走後，有一段時間我仍然無法擺脫拄著枴杖的命運，數月後才能稍微走動，但無法像以前一樣爬上高聳的岩石或在傾斜度較大的地方奔跑。但奇怪的是，我的心緒比接受手術前更加自由。無論遇到何等困難，我自己能夠判斷是否能做些什麼，因爲我覺悟到眞正應該畏懼的只是恐懼本身而已。最重要的是尋找現在自己能做的事情，然後進行嘗試，當然，也許什麼都不會改變也未可知，但是可以肯定的是只要稍微移動，至少可以從那個束縛我的地方解脫出來。在新的地方，將會發現以前未曾察覺過的另一種可能性。

所以即便是現在，當我遇到大大小小的困難時，經常會反覆告訴自己，在說不行之前，再往前走一步吧！有時那小小的一步就是答案。

3

剛要萌芽的樹木
拒絕成長的理由

回想起來，我的童年時期是黯淡的。因爲家境貧寒，甚至要擔心能不能吃上飯，所以父母經常不在家，而我自然非常孤獨。幼小的我能做的事情就只是跟著村裡的哥哥們到處遊蕩，直到深夜。但我還是有夢想的，看著夜空中的星星，產生了想成爲天文學家的想法，因此也認眞上學。但在被判定爲色弱之後放棄了夢想，之後就什麼都不想做。雖然年紀很小，但在不得不擔心溫飽的情況下，學習似乎成了一種奢侈，於是我就退學了。

之後我在街頭上販賣各種東西，下雨天賣雨傘，晴天我就擺起地攤賣報紙。但是不管是過去還是現在，賺錢、吃飯談何容易。而且同學們都進了上一級學校，準備未來的發展，我實在很難接受只有我一個人在街上輾轉叫賣的現實。不知從何時開始，我一看到朋友們的樣子就氣得不得了。但是基於自尊心，我至死也不想被別人發現自己是如此羨慕他們，所以努力裝作沒事，裝作過得很好。當然，我的內心已經潰爛不堪，甚至正在化膿。

有一天，認識我的鄰家大哥來找我。說他有個認識的人經營花卉農場，這個主人正在找學徒，酬勞是可以解決食、宿問題。我雖然對園藝一無所知，但當時的我沒有太多選擇，況且還能解決吃、住的問題，所以我從此開始了農場的學徒生活。

後來才知道，農場主人曾經在大學學習園藝，但奇怪的是他沒有讓我做什麼工作，如果眞是這樣，那爲什麼要招學徒呢？沒事可做的我開始緊緊跟隨著主人，通過這個沉默寡言的主人，我逐漸掌握了草和樹木的基本知識。我覺得從泥土裡發芽的花朵非常神奇，而枯萎的葉子在幾天內復活的過程也令我驚奇。起初是好奇，但後來衍生出想要學習的熱情，我馬上找來厚厚的園藝大百科辭典，開始劃線學習。

就在我用這種耳濡目染的方式學習的某一天，主人第一次吩咐我工作，是用插枝的方法繁殖橡膠樹。我把橡膠樹的樹幹切斷浸泡在水中，去除樹液後，在樹幹末端用黃土製作圓包粘貼，並植入沙土箱子中。然後點燃煤爐，讓沙土箱子保持溫熱，爲了不讓沙土乾掉，必需定時澆水。我雖然按照指示認眞點火爐、澆水，但腦海中始終有個疑問。

小杉樹想長到與其他大樹一般高，
需要一百年的漫長歲月。

「這樣做能長出樹根嗎？這節小樹幹眞能長成大樹嗎？」

我忍不住好奇，瞞著主人偷偷地翻動沙土箱子。當我摒住呼吸，小心翼翼地掏出被沙土掩埋的橡膠樹幹的那一瞬間，我大吃一驚。進入我眼簾的是衝破黃土圓包、長出來的細根。沒有一點動靜，插在沙土箱子裡的橡膠樹幹竟然不知不覺地生根發芽了。在把橡膠樹移栽到花盆的那天，農場主人對我說：

「橡膠樹雖然在我國因爲條件不允許，所以不能長得非常高大，但在溫暖的國家，只要確實扎根，就能長成二十到三十公尺以上的巨樹。在育植樹木的時候，眞正要重視的不是眼睛能看見的樹幹，而是土裡的根。」

就體積而言，世界上最大的樹木是美國紅杉國家公園的雪曼將軍樹。該樹種以直徑十一公尺、高八十四公尺的巨大身軀爲人所稱道。但是再如何高大的樹也是從小的種子開始，而即便發芽，在前幾年也不可能成長。

剛發芽的幼樹之所以無法成長的理由是因爲地下的根。從細小的樹葉中製造的少量營養不用於成長，而僅是用於培養根部。可以說，這個時期的幼樹比起肉眼可見的成長，更集中於鞏固自身的力量。無論遇到什麼樣的苦難，都進行儲備能夠生存下去的力量，我們將這個把全部心力投入到根部的幼年期稱爲「幼形期」。

樹木在度過幼形期的過程中，完全無視於外界的變化，只與自己展開鬥爭。和煦的陽光無論再怎麼誘惑，周圍的樹木無論長得如何茂盛，它們絕不會朝向天空成長。代之以只是尋找地下的某處水路，深深扎根而已。在陰暗的土地裡開路、站穩腳跟的期間，像線團一樣細長的樹根形成了堅實的骨架，具備了能夠戰勝一般乾旱的韌性。雖然每棵樹木都不一樣，但如此度過的幼形期平均爲五年，樹木在經過幼形期後，才開始向天空伸展樹幹。得益於在不算短的時間裡傾注全部力量，才能長成可以抵擋狂風暴雨的堅實成木。

回想起來，那段我自認爲充滿陰暗的徬徨歲月也許就是我人生的幼形期。如果沒有輟學、輾轉流浪街頭的經驗，就不可能體會到在農場裡耳濡目染獨自學習的快樂，而因爲有過街頭的崎嶇生活，我才能眞正接受溫室裡溫暖的空氣以及樹木帶來的安寧。經由灰暗的童年經歷，我學習到僅爲生計賺來的錢，即使能塡飽肚子，卻也無法滿足自己的內心。

也許正因如此，我至今也無法忘記當時看到橡膠樹樹幹上長出樹根時的驚異。我也希望自己趕緊結束徬徨期，像橡膠樹一樣扎根。此後，我開始擺脫對世界的怨恨，集中精力培養自己內在的力量。經過夜以繼日的學習，我不僅背下了園藝大百科辭典中所有植物的名字，還背誦了學名，全心全意地照料溫室裡的植物。

就這樣，在農場的學徒生活中，我憂鬱黯然的十多歲也結束了。離開農場時，圍繞我的現實依舊，但面對這一切，我的心態卻與以前截然不同。就像確實培養根部力量的樹木終能承受嚴峻的考驗，成長爲巨木一般，我相信如果自己不斷鍛鍊，總有一天會迎來新的希望。

兩手空空、也沒學過什麼知識的我，在擁有「樹木醫師」的名片之前，其實還經歷過很長一段辛苦的時間。但是我現在好像知道了，人生中眞正的好事是不會輕易到來的，想要得到寶貴的東西，就需要相應的磨練。所以我想告訴那些說自己生活困難、現在想放棄的人，如果我們想擁有的幸福或成功等好事會突然降臨，那就不需要努力或忍耐了。因此，無論有多累，也要爲堅持下來的自己加油，並一點一點地向前邁進。

現在這一瞬間，在某個深山中生根發芽的野生樹木，正等待著能向天空盡情伸展樹幹的那一天，並且在漆黑的土地裡厚實根部的力量。因爲它們深知，只有甘願承受等待、再等待的忍耐時間，才能長得更高的事實。

4

首先要從停止開始

「老師，多虧您的關心，我終於出書了，我會把書寄到您家。」

一個週末的早晨，我收到了久違的一條訊息。發訊息的人是製作生態相關書籍的一人出版社代表。他毫不畏懼地創辦生態專門出版社已經十三年了。從企劃、筆者的邀請到編輯，他一個人經歷了各種艱辛，但現在這家出版社已經成爲擁有自己特色的出版社，也獲得各界的肯定。

第一次見到他是在森林解說員的聚會上。他說，從師範大學畢業後一直擔任雜誌社記者，偶然間對草木產生了興趣，開始學習森林相關知識。因爲好奇而開始的學習越來越深入，甚至拿到森林解說員執照。他每月都得忙碌應付雜誌社截稿、出版的時程，但一到週末就變身爲生態故事專家，和人們一起拜訪樹林。之後他下了重大的決心，他說要辭掉努力十五年的記者工作。他的實力因爲在業界獲得認可，周圍的大部分人都加以勸阻，我也是擔心他的人之一。因爲我看過太多人只是抱著脫離複雜人生的盲目期待，開始涉足這一領域，但沒過多久就放棄了。可是在聽了他的話之後，我就不再擔心他了。

「我覺得現在正是最佳時期。如果能量耗盡後再辭職的話，就無法期待下一步了。『停止』這件事好像也有時間點。」

我詢問他以後的計劃，他說：「先從好好停止開始。」他笑說：「一路都只是望著前方奔跑，如果突然踩剎車，不知道會不會出事？」這幾年，他一有空就往山上跑，不覺間他的模樣也和樹木越來越像。

在冬眠的生命甦醒、萌芽的早春，樹木要比任何植物都早喚醒枝頭的眼睛，開始向著天空生長。從那時起，樹木就像在巨浪中選擇船頭應該轉向哪個方向的艦長一樣，開始尋找能夠充分接受陽光照射的空間。但並不是所有的樹枝都能成功航行，經常會因失敗而枯萎；有時會毫無分寸地伸向遠處，卻因無法支撐重量而折斷。因此，樹梢上總是充滿緊張感。雖然每一瞬間都在向著太陽移動，但不知道什麼時候會被淘汰，所以必須時刻關注周遭的情況。

但是，如此努力成長的樹木隨著夏季的終結，開始逐漸停止生長。艷陽依然在頭頂肆虐，天氣要變冷還需要好一陣子，可是樹枝再也不伸向遠方，就這樣停止下來，並在其尾端開花。

盛夏綻放的各種形形色色的花朵讓我們大飽眼福，但其實這是樹枝停止生長的證據。如果樹枝不停地成長，那我們就看不到花朵盛開，也看不到花朵凋謝後，在這個位置上結出的飽滿果實。因爲如果只顧著自己長大，雖然有可能愈發接近天空，但會逐漸遠離根部，最終導致能量枯竭。

從這個意義上來看，樹木也知道自己該停止的時候。它們雖然知道至今爲止已盡最大努力成長，如果再貪心一點的話，還可以再長高一些，但是在某個瞬間，就好像約定好了一樣，樹木會停止生長。就像結盟一樣，「我不再長大，你也不要再成長了吧？」，於是一起停止成長，並開始開花。對於樹木來說，停止既是爲了自己所做的承諾，也是與周圍樹木立下的共存契約。

隨著年齡的增長才逐漸領悟到我們的生活總是不會如意。本以爲自己過得還算不錯，但在某一瞬間再次回望，才會發現不知從何時起，方向已然出現變化。此時，無論如何急迫，也要停下腳步喘一口氣。因爲如果不檢查自我，也許會在不知不覺間去到全不相干的地方。

問題是我們很難像樹木一樣知曉停下來的時間。我四十歲出頭去蒙古之前就是如此，當時正集中精力照顧樹木，心想乾脆就好好學習這片土地上包括樹木在內的各種植物。因此與平時關係密切的生態學家約好一起製作植物圖鑑，我們決定前往蒙古，因爲蒙古的高原地帶還保留著植物的原貌。到了蒙古以後，我們租了輛吉普車，穿梭在無邊無際的草原上。因爲要爲見到的每種植物拍照、留下記錄，也要和一起去的學者討論，所以沒有時間好好欣賞風景。

但是晚上搭起帳篷點燃營火後，在仰望夜空的瞬間，我竟覺得喘不過氣來。只見天空上佈滿星星，甚至地平線的盡頭也散發出滿天的光芒。那一瞬間，我想起幼年時期爬上山村的頂端，看著夜空中的星星時，夢想以後要成爲天文學家的事情。我想起早已完全遺忘的幼年記憶，與此同時，我突然產生愚蠢的想法，難道是天上無數的星星墜落在地上變成花朵了嗎？就這樣，我回想起忘懷已久的記憶，夜裡難以成眠。然後，我放棄了任何一種植物都不遺漏、全部拍照記錄的想法，代之以徹底感受和欣賞這些美麗的風景。

「就只是停留在這個空間裡吧！」

我雖然原本就喜歡悠閒自在，但像那樣放下一切還是首次。如同字面上的意思，這根本就是完整的停頓。雖然因爲經費不足，沒能完成植物圖鑑，但我非常享受十多年間進出蒙古的那段時光。因爲我得以整理出自己眞正希望做的事情、雖然想做卻做不到的事情、還有那些在別人看來似乎非常成功，但實際上不是我眞心對待的事情，或者過去不知不覺間錯過了的事情等等。如果沒有去蒙古，或者即使去了蒙古也只是爲了製作植物圖鑑而忙著拍照的話，絕對無法反思這些事情。

懷抱一望無際的蒙古平原和野草、夜空的記憶回到家裡，妻子看到快變成乞丐的我打開玄關門時，立刻問我：

「你說去蒙古拍照，拍了很多嗎？」

雖然沒能做出原本計劃好的植物圖鑑，但我現在也經常對妻子說起當時的事情。

「如果那時候出版了植物圖鑑，也許就不會有現在的我了。」

這句話沒有錯。從蒙古回來後，我決定不寫具有很多專業用語的植物圖鑑，而是決定寫一些我們身邊樹木的故事。我雖然筆拙，但也爲了不懂樹木和森林的孩子們寫了童話書，還寫了在進行悠閒登山時，如何更深地觀察樹木的書。

如此看來，來回於蒙古四處的十多年間，是回顧自己眞正想做的事情，並爲此儲備能量的非常必要的時間。如果當時沒有停止腳步，我可能會因爲想被認可爲樹木專家的慾望而矇蔽雙眼；想出版植物圖鑑，結果出了令人羞愧萬分的書，也許因此再也不寫書了。所以我是多麼幸運啊？我因爲那件事情，切實感受到停頓的必要性，也下意識地努力獲取停頓的時間。

幾天前，因爲有約到市內去，暫時抽出時間去書店看看。我逐一查看那位成爲生態專業編輯的朋友出版的書。看著充滿出版者誠意的書籍，突然想起他說的「停止這件事好像也有時間點。」。他爲什麼不畏懼呢？更何況這不正是徹底放下過去積累的成功人生的停頓嗎？但是看著他出版的這一本本好書，我想也許停下來才是向前邁進的必經過程。

他不僅親自將不知名的生態外文書翻譯成韓文書籍出版，還利用大學時期的專攻，以孩子們爲對象進行生態教育。他還有幾本自己執筆的書籍，最近還到企業、圖書館、市民團體講課。他的理念是如果想營造自然和人類共存的生態環境，首先應該讓更多的人知道什麼是生態生活。

如果在山裡再次見到他，我想勸他寫一篇樹木的童話。就是樹木在夏天結束之前，克服想跑出去的誘惑，開花結果的故事。也許那不是寫給孩子，而是寫給成人們的童話。因爲知道何時該生長、何時該停止的樹木，也許就是他想告訴人們的生態生活。

5

某一個老爺爺讓我爲之驚訝的一句話

有一天，我接到一位老爺爺打來的電話。

「我家院子裡的花梨樹狀態很不好，不知道怎麼辦才好，所以我打電話問你能不能來我家看看。」

我聽他的聲音十分著急，覺得應該立刻前往，但由於日程的緣故，我隔了幾天才得以見到老爺爺。但一看到老爺爺，就讓我大吃一驚。他明明對樹木的狀態做了非常具體的說明，但站在我眼前的老爺爺卻是位盲人。這位老爺爺是怎麼知道樹木的狀態不好的？我的腦海中充滿了驚訝和混亂。

可是如果我突然提出這個問題，可能會很失禮，所以先去看了花梨樹的狀態。情況和老爺爺說的一樣，不知道過去發生了什麼事情，花梨樹的底端留下曾經釘過釘子的痕跡，非常難看，上面還刻著人的名字。雖然不知道是誰，但刻上名字的話，不知折磨了這棵樹木多久，周圍正腐爛、變黑。爺爺可能是因爲擔心，一直在樹木的周圍打轉，並問我：

「醫生，這棵樹能救活嗎？」

雖然需要時間，但幸好爲時不晚。老爺爺一聽到只要加以治療、照顧好，就不會有問題的話之後，表情才明朗起來。在完成緊急治療後，我告訴老爺爺照顧花梨樹的時候需要注意的地方，於是自然而然地聊起了各種話題。原來樹上的各種傷痕都是以前居住的房東和他的孩子造成的，花梨樹對他們來說只不過是組成庭院的一種裝飾品和玩具而已，否則爲什麼會在完好的樹上釘釘子、刻上名字呢？老爺爺說他用手摸樹木時，發現有釘子，馬上將釘子拔掉，但好像到處都有很多傷口，所以非常擔心。聽到這裡，我再也忍不住了，於是問他：

「很抱歉，您怎麼會對樹木的情況那麼瞭解呢？是不是有人在旁邊跟您說的？」

爺爺好像覺得我的問題很無聊，把身體轉向我，然後如此說道：

「怎麼會不知道？只要加以關心就會知道。」

我什麼話也說不出來，因爲這是理所當然，也是非常正確的回答。即使眼睛能看到樹木的狀態，但如果不加以關心的話，即使樹木都死了也不知道，甚至有太多的無心之人根本不知道樹木就長在那裡。從老爺爺身上可以知道，不是看不見就不能看，也不是所有眼睛正常的人都能看得到。因爲眞正看到的其實是心靈的問題，是關心的問題。不關心的話，即便樹木就在身邊也不會知道它的存在。

不關心何種存在就等同於那對我不重要。因爲對我來說不重要，所以即使能看得著也視而不見。看到那些在樹身開玩笑的人，還有那些即使樹木腐朽了也放任不管的人，我心裡即使很生氣，也會反覆回想老爺爺的話，並且重新思考。我也可以回望自己有沒有因爲忙於生活而忽略了付出關心的存在。

6

越是歷史悠久的森林，越是有適當距離的原因

世界上沒有完美的人，但是人們此刻也爲了變得完美而努力。因爲在這個只記得第一名的世界裡，要想成爲勝利者，就要成爲第一，爲此，所有的事情都要做到完美無缺。但是這種負擔必定會壓抑我們，工作的過程中感受到的快樂也會在不知不覺間消失，代之以充滿焦躁和不安。

有一個人曾經是極度的完美主義者，但不知從何時起，他也因而產生極度的不安、壓力，身心俱乏。於是他開始研究自己的不安和不幸，結果發現了一個重要的祕密。

「完美主義者並不幸福。」

這個人就是執筆《完美的追求》一書的哈佛大學教授塔爾．班夏哈。我在閱讀那本書的時候，想起了我的年輕時期。難道我也被強迫接受完美主義的社會所馴服

了嗎？也習慣了嗎？不管別人說什麼，我只想成爲毫無瑕疵的樹木醫師，哪怕是能多救一棵樹，我也會竭盡全力，而如果不能救活，內心就會悲傷至極。大概只要是醫生都會這樣，但唯獨我始終在意那些沒能救活的樹木。看著即將死去的樹木，我非常難過，似乎那是因爲我的能力不足所致，但越是這樣，我越是對當一名「樹木醫師」本身產生懷疑。

有一天，我正好在治療因生病而受苦的樹木，首爾近郊的一個寺廟連絡我，說是寺廟院子裡的一棵盤松快要死了。我在聽到消息之後立刻前往查看，這棵盤松一看就知道是年代非常久遠的老樹，但由於樹幹斷裂，且放置時間過長，如果放任不管，不久之後肯定會死亡。

在生態學的特性上，盤松原本就比其他松樹的壽命短。因爲與樹幹相較，伸出的樹枝太多，因無法承受不斷伸展的樹枝重量，樹枝爲之分叉，最終死亡。但是在達到這個程度之前，只要用繩子把樹枝綁好，就能防止樹幹裂開。長期照料盤松的寺廟應該不會不知道這一事實，但爲什麼一直放任不管，讓樹木變成這樣呢？我抱著惋惜的心情，正仔細觀察已經分叉的樹幹時，一位老和尚走到我身邊，靜靜地說道：

「好像是我們廟裡的年輕僧人聯繫您的，您就別管了。如果命中注定會活，它就會繼續活下去，如果注定要死，無論再怎麼努力，它會不死嗎？勉強救活一棵想回歸塵土的樹木，這也不是順理成章的事吧？」

那一瞬間，我感覺頭部好像被錘子敲擊到，這時我才意識到，哪怕是一棵樹木也要救活的願望，也許只是一名樹木醫師想要變得更加完美的貪慾罷了。因爲絕對不能失敗、想聽到「能力眞好」的稱讚、想獲得「最優秀」認可的這些慾望太強烈了，導致沒能好好地觀照樹木。原本應該站在樹木的立場上判斷，並順應自然規律做好樹木醫師，但我卻沒能做到。一直以來，我過著貪心過度的生活，違反了多少樹木終將回歸塵土的自然規律？因爲太過羞愧，我停留在那個地方許久。

在那之後，我放棄了讓所有樹木都完全痊癒的慾望，代之以我開始集中精力幫助樹木在活著的時候能夠更舒適地享受生命，其中也包括好好送走生命已盡的樹木。我覺得與其痛苦地延長它們的生命，倒不如讓它們在美麗的狀態下迎接死亡，這也是樹木醫師應該做的事情。大概就是從那個時候開始的吧？在忙碌不堪的樹木醫師工作中，我開始有了喘息的空檔。拜此之賜，我才能對樹木醫師的生活不感疲憊，甚至樂在其中。

一回想起我年輕時爲了多救活一棵樹木東奔西走的樣子，就會想起我們近代樹木茂密的

樹林裡要有縫隙，幼小的生命才能成長。
外表看起來完美的東西
實際上維持不了多久。

森林。戰爭之後，我國的綠化事業可以說是具有戰鬥性的，經歷過戰爭的大部分山川都是光禿禿的，爲了重新讓山河穿上綠色的衣服，每年四月全國國民就會拿著樹苗上山。由於植樹密集，沒過多久，樹林四處都變得十分茂密。而因爲樹木種得密密麻麻的，只要進入樹林，只要不是下太大的雨，衣服絕對不會淋溼。

雖然光禿禿的山重新變綠是一件幸運的事情，但是看到那麼多參天大樹時，還是會起惻隱之心。樹枝非但不能盡情伸展，甚至在無法順暢呼吸的空間裡，樹木之間爲了生存必須展開激烈的競爭。爲了能多接受一點陽光，它們只能拚命向上生長。

但是，只爲生存而競爭的森林卻漸次死亡，因爲陽光無法到達地面，所以溫度不夠高，無法讓幼小的生命萌芽。小樹和花草，以及與它們一起生活的小昆蟲沒有生存的空間。雖然表面上看起來非常完美，但這種森林其實與沒有希望的不孕之地無異。

森林要想成爲孕育新生命的希望之地，就需要有縫隙。如果樹木壽命結束或因意外災害而倒下，該位置就會產生空間。那麼，溫暖的陽光就會照射進來，被陽光照射的地面混雜著前一年秋天凋落的樹葉，於是積聚起能夠孕育新生命的養分。因此，樹林的縫隙既是結束和開始共存的空間，也是由缺乏轉化爲希望的空間。

去年春天，我在爬住家附近的北漢山時，在深山中發現了幼小的刺槐樹。在體型高大的樹木充斥的半山腰上，刺槐之所以能夠發芽，是因爲大樹之間存在縫隙，而其縫隙最多也就是三、四坪的大小。拜周圍大樹之賜，這裡不受季節變化的影響，可維持一定的溼度和溫度。即使颳風下雨，周邊的大樹也會起到保護的作用，就像身處溫室一樣，幼小的生命可以安全地成長。樹林因爲有縫隙，幼小的樹木，即新希望才得以成長。

就如同爲了新生命能夠成長，森林需要縫隙一樣，我們的人生也需要空隙才能鬆一口氣，獲得邁出下一步的力量。我也是放下完美主義之後，才找到了心靈的從容。如果我沒有放棄對所有樹木進行完美治療的想法，雖然還能救活幾棵樹，但不可能一直堅持到現在。那時候的工作眞是一點也不愉快，因爲只會想起錯誤、所有事情都不滿意、充滿壓力之故。而且爲了急於滿足自己的慾望，可能連爲樹木做出最好的決定這件事都做不到。

人們好像也是從那時開始聚集到我身邊。自從擺脫「要完美地拯救所有樹木」的壓迫感之後，對待他人的心情也變得從容起來。即便偶爾遇到把樹木當作裝飾品對待的人，我也會退一步，先傾聽他們說的話。放空心情之後，擁有了從對方的立場出發，可以再次思考的時間，因此也遇到很多好人。那時才知道，比起完美的人，那些有縫隙的人更容易讓人敞開心扉。

偶爾和妻子喝茶時，會開玩笑地如此說道，我一輩子和妳一起生活，做得最好的一件事就是賺的錢總是不足百分之五。雖然對辛苦維持家計的妻子感到抱歉，但這句話並不僅僅是一句玩笑話。如果我在工作或對待人的時候追求完美，生活一定會比現在更加緊張。因爲有百分之五的不足之處，我們夫妻才懂得眞心感謝現在所擁有的一切，也才沒有犯下超出生活能力範圍，從而避免了將現在耗盡的愚蠢。從結果來看，因爲這百分之五的微小缺乏，生活反而更加圓滿。

所以每次在見到年輕朋友時，我都會跟他們說不要只顧著往前跑，要擺脫什麼都想填滿的欲望。在這個鼓吹人們「變得完美，向前快跑」的世界裡，如果想過得更好，反而應該先學習如何放空自我。從設定以完美爲目標，想將一切不足之處加以填滿的那一瞬間開始，回應到自己身上的將只有不安和焦躁而已。悠久樹林的縫隙不是已經告訴我們了嗎？經由放空，才能填滿更好的東西。

7

人活在這世界上，總是會有必需忍耐的瞬間

幾年前，一個從事環境運動的年輕人來找我，說想學習、研究樹木。他雖然很關注環境問題，但他說自己對樹木的知識只有小學程度，於是我帶他去了附近的山。就如同第一次和某人交往時，必須先熟悉他的名字一樣，我邊教他每一棵樹木的名字邊爬上山去，可他突然在背後叫我。

「老師，我第一次看到這棵樹，它的名字是什麼？」

我很納悶是什麼樹，但他指著的樹木，我不過在幾十分鐘前就已經說明清楚了。

「這是你剛才還自己拍過照片的山皀莢嘛，這麼快就忘了？」

聽到我的話後，他連連搖著頭說和剛才看到的樣子不同，並給我看了用手機拍攝的照片，那時我才明白爲什麼他會說兩棵樹看起來不一樣。手機中山皀莢的樹幹

上沒有刺，但現在看到的山皂莢全身都覆蓋著刺。

「兩棵都是山皂莢，刺之所以變得這麼茂盛，是因爲受到人們的折磨。依我所見，它是想盡一切辦法活下來，所以長出了刺。」

對樹木稍微了解一些的人一提起山皂莢，首先想到的就是覆蓋在樹幹上的刺。大家心想可能原本就是這個模樣吧，但事實上，叢生的刺是由於人們或草食動物加諸自己威脅而產生的。尖銳的刺像樹枝一樣伸向四方，這是爲了抵禦不斷襲來的外界威脅，進而保護自己的一種自救方法。

有趣的事實是，根據環境的不同，刺的密度也是千差萬別。在人跡罕至的地方長大的山皂莢幾乎沒有刺，因爲幾乎不存在來自外部的威脅，所以沒有長刺的理由。但只要附近來往的人增多，在一、兩年之內，就會呈現幾乎認不出來的模樣，生長出粗尖的刺。山皂莢對周圍的變化非常敏感，不要說有人直接碰觸自己的身體，只要有人在附近徘徊，它就會用鋒利的刺來武裝自己。如果人們不再靠近自己，原本茂盛的刺都會爲之消失，似乎從來沒有出現過一樣。

聽完我的說明後，他感到非常神奇，並不停地拍照，但面對渾身覆蓋著尖刺的山皂莢，我總覺得肅然起敬。因爲從樹幹中鑽出來的一個個尖刺，就像是不屈服於任何威脅、堅持到底的忍耐痕跡一般。擁有這種特性的樹木何止是山皀莢，看到生長在強風凜冽的山峰或高山樹木界限上的樹木，從它們長時間爲了生存而堅持下來的痕跡中，我能感受到它們曾經經受過何等苦難的歲月。它們因凜冽的風雪而不能直立成長，只能以駝著背的姿勢忍受每一天。

如上所述，爲了生存必須忍耐是樹木的共同宿命，而它們也必須在能發芽的地方過一輩子。即便狂風暴雨襲來也無路可退，還必須承受來自包括人類在內的其他生命的威脅。因爲不管發生何等災難，樹木都沒有逃走的本事，所以只能最大限度地動員自救方法來撐過這段時間。

如此看來，我覺得樹木的生命就是堅持本身。一提起堅持，人們往往會想起屈辱地承受一切的樣子，但是一生關注樹木的我卻做不同解讀。對於樹木來說，堅持就是積極面對上天所給予的生活，無論遭遇任何試煉都不會放棄自己的生命。在堅持的時間結束之後，樹木會變成擁有各種生命的樂園。因此，嘲笑它們何需變成那種滿是荊棘的醜陋面貌是不對的。忍受著屈辱的外表，堅持到最後，這不是任何人都能做到的，所以反而應該要加以稱讚。

回想起來，我也曾經有過無論如何都得堅持下去的時候。我在三十多歲時一無所有，學

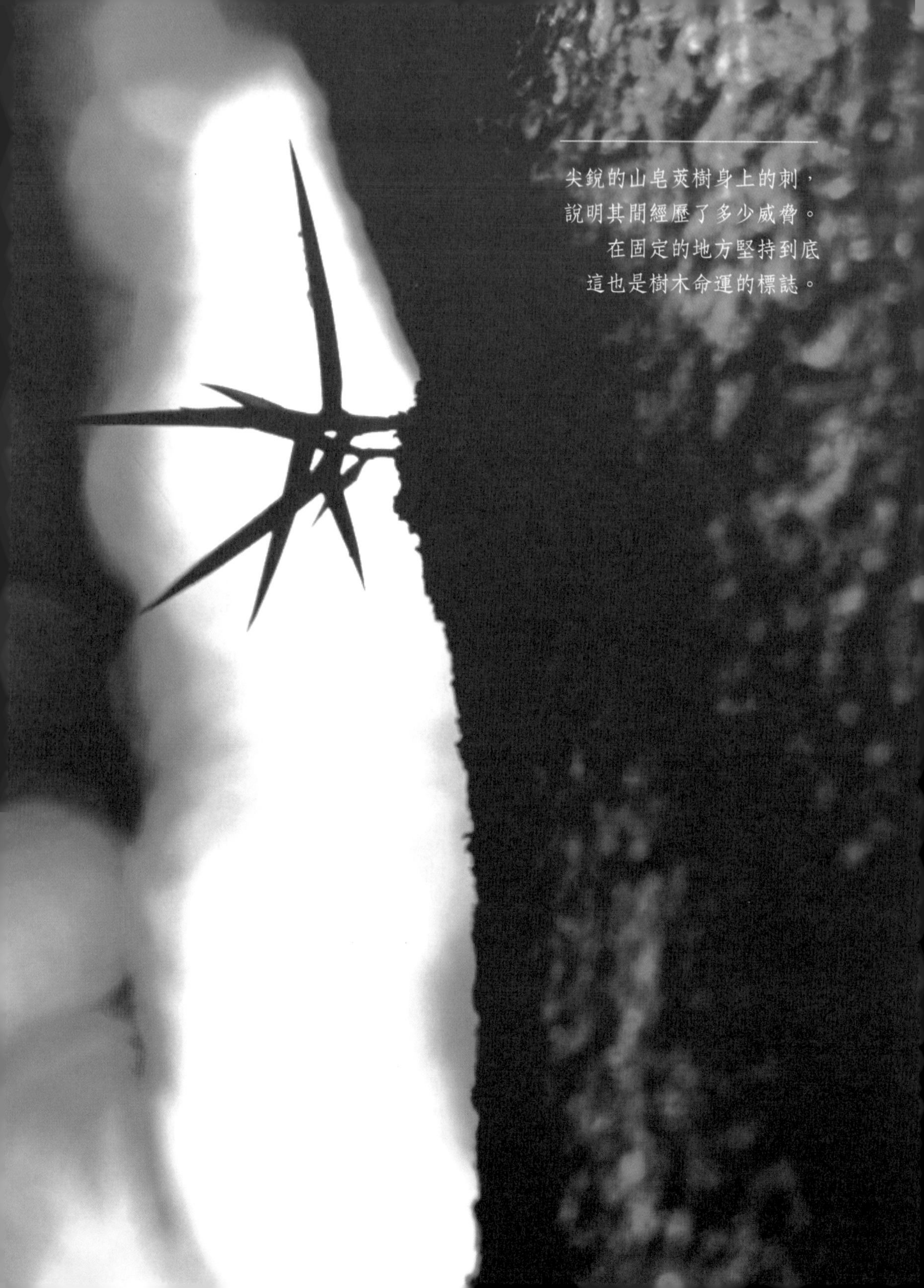

尖銳的山皂莢樹身上的刺，
說明其間經歷了多少威脅。
在固定的地方堅持到底
這也是樹木命運的標誌。

歷不高，也沒有穩定的工作。儘管如此，我也沒有放棄照顧樹木的工作。看到這樣的我，有人嘲笑，也有人認爲我是傻瓜，因爲我經常請求去做那些賺不了什麼錢的事情。

最難過的莫過於因爲人們的私心而束手無策地看著完好的樹木死去的瞬間。有些人說樹枝遮住商店的招牌，於是用鋸子把正常的樹枝鋸斷；也有人以停車空間不足爲由，故意剝掉樹皮讓樹木死亡。每當遇到不把樹木視爲生命，只當作是裝飾品，覺得礙手礙腳時就立刻砍掉的人時，我有時會對工作產生懷疑。我也曾經自嘆只有自己一人努力能改變什麼，所以產生放棄當樹木醫師的想法。那時我所能做的只有照顧那些用自己的力量可以救活的樹木，每天堅持下去。當然，這得感謝我的妻子，因爲家境貧寒，妻子必須錙銖必較，我也經常和她去全國各地工作，另外，我還得感謝雖然父母經常不在身邊，但卻依然健康成長的女兒。

但神奇的是，隨著堅持的時間慢慢積累，不知從什麼時候開始，找我的人變多了。我認爲不應該隨便對待樹木的想法，獲得很多人的支持。因此，我覺得自己的工作對創造更好的世界有微小的幫助，也覺得工作很有成就感。作爲一名樹木醫師，我也可以向更多的人傳達與樹木共存的生活。如果我堅持不下去，放棄成爲一名樹木醫師，也許能過上更穩定、更單純的生活，但絕不會得到對工作的自豪感以及創造自己道路的滿足感。

詩人鄭浩承說過忍耐決定其用處。這樣看來，無論是人還是樹，在活出生命的過程中，都有必須堅持下去的瞬間。我盼望即便到今天仍在堅持的人可以不覺疲倦，祝您好運。

8

在樹林裡漫步時
領略的人生眞理

以前的人常說，要當心九數之年，因爲在充滿之後必定會有新的變化，所以到了九數之年，就要以虔敬的心準備迎接接下來的新的十年。那是發生在我四十九歲的事，我在思考如何結束四十歲最後的時光，才能順利迎接五十歲到來的時候，突然產生了這樣的想法：

「試試五十歲以後不能輕易做的事情吧！」

抱著這樣的心情，我開始計劃「一字旅行」。顧名思義，這個旅行沒有中途折返或迂迴繞道，只是向前直行，就像我們一旦離開就無法回頭的人生一樣。

下定決心要付諸實現的我，立刻買了張大地圖，鋪在房間的地板上，從京畿道楊平到江原道高城，我用尺畫出一條直線。地圖上標示的線橫貫道路、穿過山野。現在得用雙腳把這條線擦掉。我好像一個準備上戰場的軍人一樣，揹著滿滿的生活必需品出門，妻子對我說了一句話：

「如果走累了，千萬別固執，趕緊回來。」

出發日期是四月十七日。這是山櫻開花的時節，我想如果按照花開的速度持續往北走的話，在旅行過程中可以一直看到山櫻花，因此特意將第一朵花開的日子訂爲出發日期。

但是就如同往常一般，想像通常會背叛我們。期待在行走的過程中看到花開而開始的一字旅行從第一天開始就朝著與計劃完全不同的方向展開。我雖自信比任何人都擅長走路，但其實我的身體更常乘坐汽車，而且身體裡流淌的血液也像廢氣一樣渾濁。再加上地圖上沒有標示的軍營和被鐵絲網圍住的私有土地，還有不易跨越的溪流等各種障礙堵在我的前方。無奈之下，我決定走一段國道，但實際走起來卻並不容易。即使是四月，白天的柏油路還是很熱，道路兩旁的林蔭樹還沒有長出葉子，連暫時可供休息的陰影都沒有。最大的問題是壓在肩膀上的背包重量。背著大小如同被褥的背包行走，在傾斜度陡峭的地方，我的腳步自然變慢，但卻心急如焚。

在完成第一天嚴酷路程的晚上，我躺在帳篷裡回顧這一整天的感受。雖然移動雙腿、努力行走，但絲毫感覺不到踏踏實實走路所帶來的喜悅。只是艱難地翻越過一座小山而已，沒有什麼深刻的記憶。腳掌接觸地面時湧起的平安、其後的滿足感、只集中於步行而獲得的與自己的相遇……。大家都說在地球上的生命中，惟有走路是給予人類的祝福，但走了一天之後，我感覺到的只有不知原因的失落感。那一瞬間，我突然想起了妻子說的如果覺得累就回來的話。

凌晨上路時，只是一句左耳進右耳出的那句話瞬間浮現在腦海裡，這證明身心的疲憊程度。身體有多累暫且別提，連內心都疲倦到想要放棄旅行的程度。只要有前進的心，就能撫平疲憊的身體，再次出發上路，但此刻我完全喪失了出發之前的心情。原因是什麼？

這時正好看到扔在帳篷旁邊的背包，早上看起來並不起眼的行李就像冬天蓋的沉重棉被一樣。「難道我今天一整天都背著那麼大的行李走路嗎？那裡面到底裝了什麼東西？怎麼會這麼多？」行李明明是我整理的，但背包裡的東西我卻記不清了。

第二天早上，我把背包裡的行李都拿出來排成一列，以便能看清楚。整齊擺放的東西估計足足超過五公尺。即使只挑選了我認爲有必要攜帶的，但退一步來看，發現這些都只是「包袱」而已。

結果我當場又開始挑選東西。最先挑出來的是帳篷，用途只是讓我一個人躺下來而已，但從墊子到睡袋，包含在帳篷裡的東西太多了。然後映入眼簾的是妻子為我準備的各種食物，雖然可以填飽肚子，但身體沉重的話，走路當然也會很吃力。換洗的衣服又如何呢？大致洗洗以後晾在背包上，很快就會乾，所以只要內衣和一雙襪子就足夠了。再加上習慣性放入的相機、書籍、筆記本等等……。只用兩條腿走路的旅行，準備這麼多東西究竟有什麼用呢？把東西一個一個拿出來，行李就減少到之前的三分之一。我把朋友叫來，讓他把其餘的行李全部載走，當然，對於在出發之前想多為我準備東西的妻子來說，這是祕密。

整理完行李後，我感覺身心似乎都要飛上天了，也產生了果斷地進山的想法。因為背包很輕，所以再陡的山路也沒有不能行走的理由。那一瞬間需要的只是標有等高線的地圖和指南針而已。因為行李重量的緣故，我前一天總是看著地面，現在抬頭一看，前一天忘得一乾二淨的山櫻花蕾映入眼簾。我和一棵樹、一株草對視也是從那個時候才開始的。

我也不擔心睡覺的地方，離開帳篷後，到處都能讓我安穩睡覺。可以避開夜露的岩石底下很好，伸展樹枝的樹下也很好。只要把雨衣鋪在地上，穿上一件防寒服，無論在哪裡都很溫暖。走到一半遇到下雨，就停下腳步小睡一會，等雨停了再走。「今天以內要走到哪裡」的強迫感也在不經意間為之消失。

那時我才第一次知道，充滿草香的夜幕要比陽光和鳥鳴的白天更加安穩。於是我才明白，原本認為非常需要而攜帶的東西不僅沒有幫助，反而破壞了內心的平靜。行李其實就是恐懼。

以如此輕盈的身體和心靈行走，讓我覺得走路就像人生一樣。正如因過份的慾望，將沉重的背包背在身上，是絕對無法走遠的事實一樣，人生如果不放下慾望、執著，絕對到不了想去的地方。惟有放低心態，放下擁有的東西，無論在人生道路上或旅途上，才能輕快地走下去，我為什麼之前不知道這個單純的眞理呢？

我把內心和行李一起放空後，就像郊遊一般的一字旅行，在不能再往前的停戰線前方結束。我向越過停戰線，漸次往北綻放的山櫻花樹告別。在轉身時我突然想起，如果我放空思慮，不再執著，即使過了五十歲，我也能愉快地走下去。

所以我現在也是時時刻刻走路，只是有時走到一半就停下來休息，有時在一個地方停留一天。如果放下形同枷鎖的行李，輕鬆地行走，因生活中的各種問題而感到沉重的心靈也會變得輕鬆一些。是啊，那就夠了。

9

養樹木和養孩子的共同點

這是發生在幾年前的事情。我正在診斷即將枯死的樹木時，女兒打來了電話，她提議一起回家吃晚飯。女兒忙於公司業務，加上自從她結婚後，一家人更難見面，於是我趕緊結束工作，開心地回家了。與不知不覺間長大成人的女兒聊著天，女兒突然說道：

「爸爸，我想辭掉公司的工作。」

我裝作若無其事地回答：「哦，是嗎？」看似無心地回答她一句，但內心著實嚇了一大跳。因爲家境並不寬裕，所以她大學四年、研究所兩年，加起來整整六年的時間都是半工半讀，辛辛苦苦地學習，獲得了這份工作。最重要的是女兒非常喜歡自己的工作，從京畿道北端到首爾江南上下班路程應該很辛苦，但是她一次也沒有缺勤或遲到過。在旁邊看著她快樂工作的樣子，我甚至比她更高興。但爲何要辭職呢？

「我覺得很懷疑，我的工作眞的能讓人幸福嗎？」

女兒的職業是與IT相關的工作。起初，她覺得自己參與的新技術開發計劃能讓人類的生活更方便，於是充滿自豪感，但後來隨著時間的推移，她又懷疑自己是不是會培養出不思考的人。她說雖然不能像父親那樣做挽救生命的事情，但是不想再做讓人的思考能力下降的事情。

那天晚上我完全無法成眠。因爲自己一輩子都在山野裡照料樹木，沒能給予女兒悉心照顧，所以經常感到內疚。即使如此，我作爲父親還是有一個原則，任何事情都由女兒自己決定、自己負責。因爲我希望她長大成人後，能成爲一個完全依靠自己的力量生活的獨立個體。與其對子女的人生負責到底，還不如保持適當的距離。但是當孩子說自己要放棄苦心經營十年以上的工作時，我的內心開始變得複雜起來。此時一個場面浮現在眼前。

女兒大學畢業典禮那天，我對她說，半工半讀學習實在辛苦，我想送給她一點小禮物，當作畢業紀念。但是女兒搖著頭說道：

「我請你們吃晚飯，如果不是兩位的話，我是沒有辦法獨自完成的。」

她又說，小時候爸爸從來不對自己說去學習之類的話，對於爸爸的漠不關心雖然感到不是滋味，但那反而對自己形成幫助。因為拜父母對自己放任（？）之賜，她覺得自己如果不做好就會完蛋，所以努力生活。

她說畢業禮物不是屬於她自己的，而是爸爸應該得到的。看著女兒帶我們夫妻去她事先預約好的西餐廳時，我對於看似放任她，但實際上是照顧她的教養方式感到欣慰。想到女兒拿著畢業證書開心地笑著的模樣，就覺得自己是做了無謂的擔憂。是的，我的角色就是要為尋找另一條路的女兒加油打氣。

演講的時候，每次見到年輕父母，我總有一句話要告訴他們，養孩子和養樹木沒什麼不同。

中國唐朝時期，有一位叫郭橐駝的人被公認為很會種樹。他的名字是因為患有駝背的病，腰彎的樣子像駱駝而得的。但是不管是什麼樹，只要他種下，就會百分之百長高，於是有人詢問其祕訣。

「我只是不妨礙樹木的生長，並沒有能力讓樹木活得非常久或結出更多的果實。但我知道，樹木的本性很容易表露出來。但凡樹木的本性，都希望樹根能夠開闊，土壤能夠平整。

一旦種下之後，就不要碰它，不要擔心，也不要回頭看。之後就要像已經丟棄一樣。」

他對來找自己的人補充了這樣一句話。

「人們的愛心濃厚、憂慮嚴重，早上來看過樹木，晚上又來看看摸摸，連根部都加以搖晃，確認土壤是否堆好。但是在這個過程中，樹木會失去自己的本性。」

第一次聽到郭橐駝的故事是在新婚時期。當時正對千年前的先人們不知如何領悟樹木的生理感到好奇時，妻子懷孕了。我立刻下定決心，撫養孩子的時候一定要像對待樹木一樣。

神奇的是，樹木養育自己下一代的方法也與此相似。它們的育兒原則只有一個，即「離得越遠越好」。因為它們知道，在自己的樹蔭下，下一代絕對不會長成大樹。如果將小樹置於保護的美名下，被父母的陰影遮擋，最終會因為無法被充足的陽光照射而死亡。

所以樹木想透過各種方法將孩子送到最遠的地方去。舉例來說，喜歡陽光的松樹為了讓種子能飛得最遠，在枝幹最高的地方結出果實，在颳大風的時候毫無留戀地放飛種子。直到種子發芽為止，母樹只是為它們提供必要的、最少量的糧食，亦即包著種子的胚乳是母樹給去到遠方的種子準備的第一次、也是最後的糧食。飛到遠方的幼小種子從萌芽的瞬間起，就得靠自己的力量成長，勇敢地過著屬於自己的生活，直到生命結束。

果斷辭掉工作的女兒正在逐一實現自己想做的事情。與上班時相比，臉上的表情看起來更加明朗。當時我做出與其輕率地鼓勵女兒，還不如裝作不知道的判斷是正確的。

最近我經常和女兒通話。因爲她之前計劃的事業是與植物相關的事情，所以經常向我尋求建議。我們有時會一起找書，有時會爲了尋找更好的意義而聚在一起匯聚想法。這也許是在各自行走的路上短暫的交集，這個時間一過去，我又會回到自己的生活，女兒又會走上自己的人生。我已經開始期待了，因爲我對很早就已獨立並勇敢面對生命的女兒又會開拓出什麼樣的新路感到好奇。

10

我爲父親
舉行三次喪禮的理由

葬事意謂將先人埋在土裡或火葬之事。從不懂事的十多歲開始，一直到五十歲爲止，我分三次爲父親舉行葬禮。五十多年前，即將去世的父親留下遺言說：「不需要把自己埋葬在故鄉的祖墳，就埋葬在京畿道抱川的野山公墓吧！」不知是不是因爲家境貧寒，認爲去祖墳太困難之故。在妻子和子女不知道的情況下，他爲自己準備了不到五坪的墓地後就去世了。

在之後的五年當中，我沒能去父親的墳墓。過了徬徨的時間和三年的軍隊生活，在退伍後，我打起精神，並踏上了掃墓之路。但五年當中，四周增加了許多墳墓，不知道哪一座才是父親的墳墓。在管理事務所的幫助下，好不容易才找到，但墳塋已經倒塌，雜草已經成山。我用了一整天拔草，踩平草坪，在大致整理之後，太陽已經西下。幾年後，堂哥突然來找我，並說道：

「現在應該只剩下遺骨了，我們把他請回祖墳去吧！」

和父親年紀相仿的堂哥在父親過世時，代替年幼的我負責所有的葬禮程序。因爲他是代替父親的長輩，所以我覺得相信、聽從他的話也是理所當然的。在熟透的栗子掉落地上，蜻蜓停落在低垂水稻上的初秋，我和堂哥一起拿著鐵鍬站在父親的墓前。打開棺蓋，只見肉身消失，白骨酣睡。堂哥一塊一塊地撿起骨頭，小心翼翼地用窗紙包起來。就這樣，父親的遺骨被裝在箱子裡，運回祖墳所在地。

從那以後，我每年都去掃墓。又過了幾年之後，原本步行的小村路變成柏油路，車子也可以開上山了。雖然道路變得比較方便，但墓地不斷增加，不知不覺間山頭就像禿頭一樣，到處被修整得面目全非。在決定修建靈骨塔，各類石頭開始運進來的時候，我按照自己的意志決定要處理掉父親的葬地。在地氣冉冉上升的早春時節，我帶著窗紙、兩盤草繩和杏樹苗去到祖墳。我於是再次面對父親的遺骨。我拾起父親的大腿骨，和我的大腿相比，發現比我的還長。父親偶爾會揹著年幼的我，用那雙長腿大步地走回位於村子頂端的家。回想著父親溫暖的後背，我把他的遺骨用窗紙包起來，放進草繩中點火。就這樣，父親的最後痕跡被我親手燒掉，燒了很久之後，我把剩下的一把骨灰埋進土裡，然後在上面種了杏樹。就像世界上所有的生命一樣，父親最終回到土裡，成爲幼小杏樹的養分。

如果一定要點出名字，父親這個最後的葬禮就是從幾年前開始備受關注的樹葬。我將父親完全送回大自然後，過了多年以後的二〇〇四年九月，高麗大學金章洙教授按照自己的遺言被埋葬在樹下，於是這種葬禮的方式在韓國也廣爲人知。他的弟子卞佑赫教授在自己的著書《樹葬》中如此說道：

「樹葬是將環境負荷最小化的環保葬禮。因爲火化故人的遺體後焚骨，所以不需要專門的埋葬空間。是一經由焚骨，將骨灰埋在樹下，或撒在樹木周遭，並被樹木吸收的過程，以回歸自然的自然哲學爲背景。」

正如卞佑赫教授所說的，樹葬因爲沒有必要強行修整山林或建造保管骨灰的石造建築，因此不會破壞環境，留給後代潔淨的自然環境。即使在雨季下暴雨，也不用擔心墳墓被沖走。成爲樹葬介質的樹木在自然中茁壯成長，創造出美麗的生態景觀。如果照此發展下去，這將是爲活著的人和死去的人最好的葬禮。但是任何善事，只要人類的私心介入其中，就都會脫離原本的目的。

幾年前，一個朋友打電話問我：「山上的樹木倒了，能讓它重新立起來嗎？」他去世的岳父生前喜歡樹木，所以舉行了樹葬，但因暴雨導致樹木倒下。我去了現場一看，墓地所在的地方是私設的樹葬林。這裡是一片有二十到三十年歷史的小樹林，還有傾斜度在十度以上的地方。幼林爲了進行身高競爭，樹木的根部必然會變得虛弱。再加上爲了建造樹葬林而強行砍伐，互相依靠的同儕們消失了，樹木無法靠自己的力量站立而倒下。

原則上，樹葬林應該建在坡度較緩的地方，而不是陡峭的山坡上。且砍伐應該儘早進行，充分地將樹木分開。惟有如此，樹木才能不相互競爭，安心地扎根。另外，樹木中間如能形成充分的空間，則陽光可照射下來，花草亦可生長，即使突然下暴雨，泥土也不會流失，樹木也才能立起來。但是，韓國國土的百分之六十五都是山地，所以很難找到平緩的森林。再加上有很多山是由花崗岩構成，所以非常貧瘠，乾燥期也很容易發生山火。

韓國剛起步的樹葬因爲活人的貪慾，無論是死者還是樹木都無法獲得安寧。不久前，我聽說以樹葬爲名目強行修整山地，種上草皮，又搬來昂貴的樹木後，以幾千萬韓元的價格出售。有時連樹木的生長條件都不瞭解就盲目栽種昂貴的樹木。在別人看來，好像用既昂貴又漂亮的樹木進行樹葬，但如果樹木長得不好，又有什麼用呢？由於貪婪，死者也不能得到安息。

太白山的春景。
樹木死後，對昆蟲或野花一樣的小生命來說，
是無比珍貴的肥料。

樹木經由死亡完全擺脫以前的模樣。就像宣誓捐贈大體一樣，樹木的屍體會成爲無數生命的養分。生命結束的同時，昆蟲開始熟練地解剖樹木，黴菌開始蠶食解剖的木質。死去的樹木已經做好準備接受這一切。樹木毫不猶豫地捨棄自己的身體，甘願成爲眾多生命的食物。因此，樹木的死亡就像莫比烏斯帶*一樣，與循環的時間相吻合，最終用死亡達到生命的頂點。

在回憶起爲岳父舉行樹葬而受苦的朋友時，突然想起瑞典的樹葬。火化率超過百分之七十的瑞典建設「回憶的森林」，建造集體散骨場所。所謂散骨，是指將故人的骨灰撒在或埋葬在山上、江上、大海、居住地等處。但在回想的森林中，不僅沒有標明散骨位置，而且禁止個人種植花卉或樹木。這是爲了防止遺屬把特定場所或植物視爲亡者的最後痕跡而執著於此。

沒有人不知道生命是有限的，人不能永遠活著，也不會如此。全世界每天有三十萬人結束生命，只要停止死亡三天，地球人口就會增加一百萬人。再過幾個月，糧食危機將會引發極大混亂。儘管如此，接受死亡絕非易事。因爲不知道死亡何時會降臨，平常就應思考死亡，但是大部分的人卻認爲死亡不關我的事，所以經常忘記。像這樣毫無準備地迎接死亡的人，無論是即將死去的自己還是留下來的人，都會在死亡面前倉惶失措，失去好好結束人生的機會。

不要再錯過準備死亡的機會了。例如希望如何死去，如果與病魔作鬥爭，是否延長生命？葬禮如何舉行？死亡後如何處理屍體等，事先做好計劃，然後告訴家人。如果能如此主動地接受死亡，則餘生也能無悔地生活下去。

樹木的死亡看著不留下絲毫痕跡地回到泥土中，成爲挽救另一個生命的養分，我想像每天都在一步步接近我的死亡。我希望不留下任何東西，所以我可以毫無留戀地將自己完全放空，並託付在時間的流動中。但也有人會問爲什麼要在樹葬時種植杏樹，每當這時，我都會說結出的果實是父親分享給前來掃墓的後代子孫的禮物。

*莫比烏斯帶是只有一個面及一個邊界的數學符號，由德國數學家發現。不管從何點出發，當繞了半圈後以為已繞出去，但再繼續繞會發現回到原點，因此莫比烏斯也象徵融合及無限循環。

第二章

樹木
不會因擔憂明天
而讓今天失敗

I learned life from trees.
The essential life
lessons from trees,
the oldest and wisest
philosophers in the World.

11

怎麼活？

在職業特性上，我雖然與人相處的機會不多，也不喜歡站在別人面前，但自從講授有關樹木的課程開始，見到了很多人。也因此，我知道了與人交流的愉悅，也從擁有著不同故事而努力生活的人身上學到不少東西。

這是十多年前爲森林解說家進行教育，到現場講解的時候發生的事情。在登山途中，電視臺記者密集跟拍，我問他們拍的是什麼，他們回答正在採訪住在山裡並克服癌症的人。在學員中有位曾罹患癌症末期的病患，這位正抵抗癌症的學員比其他人提問更多，對所有課程都很積極。儘管白髮蒼蒼，但他好奇的東西實在很多，他的雙眼像孩子一樣閃閃發光，語言也充滿力量。

課程結束後，我悄悄地問他：

「身體應該很累吧，您怎麼會想聽這個課呢？」

他在五年前被確診爲癌症末期，經過幾次手術和化療，身心俱疲，但有一天突然產生想在死去之前在山上生活的想法。進山生活數個月過去，原本只能躺著等死，但那種生活也只能過一、兩天，一輩子生活在都市裡，只覺山上的生活太無趣了。當時他覺得即便要在命定的時候死去，活著的時候不能就這樣毫無意義地過日子，因此決定學習關於花草和樹木的知識。起初只是瞭解生長在庭院中的草花和灌木的名字，但隨著半徑的擴大，不知不覺間，房子周圍一般的花草和樹木都熟識了，他覺得既然想了解更多，乾脆就申請了課程。

「其實我是爲了要尋找死去的地方而上了山，但是學習的過程中產生了活力，忘記了我是病患的事實。想看樹木的話，必須去遠一點的地方，於是三餐也準備地很充足。最近每個週末都會教導孫子們花草和樹木的名字，他們也非常開心。我最後的夢想是成爲森林解說員，把孫子的朋友們叫來一起學習。」

他手裡拿著的筆記本上密密麻麻地記滿了自己之前所掌握的生態知識，他說這樣記錄的筆記本已經超過十本。看到他不輸年輕人的學習熱情，愉快地穿梭在樹林裡的模樣，我才明白，最終支持人活下去的只是藏在內心的生命意義。生病的人雖然會爲了最後的希望來到山上或樹林裡，但停留在大自然裡並不意味著病症就會自然而然地痊癒。即使現在感到疲憊不堪，但只有當戰勝這些困難的理由，即生命的目標明確時，身心才能得到治癒。被宣告人生只剩下有限時間的他之所以能夠以健康的面貌參加課程，也是因爲夢想成爲森林解說員，可以和孩子們在一起之故。如果沒有任何意志，只是靜靜等待死亡的那一天，那麼他絕對不是現在的自己。

從這個意義上講，樹木似乎比人類更明智。樹木從發芽的瞬間開始向上生長，這是理所當然的事情。除了樹幹和樹枝不明確的瓜灌木以外，所有樹木直到死亡的那一刻都望著太陽，向著天空生長。這時起到中樞作用的就是樹梢。所謂樹梢，是指位於樹木頂端的樹幹，如果是直直生長的針葉樹，則會垂直向天生長，並控制下面的樹枝，讓它們不隨意生長。樹梢末端長了一節，下面的樹枝才會跟著長一節。看著向天空直立的樹梢，似乎可以聽到它們對下面的樹枝說的話。

「雖然你們很鬱悶，但是多忍耐一會吧！我需要往上長一點，這樣我們才能健康地成長。」

樹梢像這樣扮演核心角色，因之樹木在生長過程中才能維持一定的樹型。特別是杉樹或水杉等針葉樹之所以能長成長而直的圓錐形，是因爲樹幹頂端的樹梢強力地統率下面的樹枝所致。用人生來作比喻，似乎可說是夢想或希望。就像樹梢治理下面的樹枝向天空伸展一樣，人類只有擁有夢想或希望等活下去的理由，才能戰勝生命中大大小小的問題，向前邁進。

這並不僅只侷限於生病的人，對任何人來說，都需要有活下去的理由，以及引領生命的方向盤。無論是多麼華麗豐富的人生，如果沒有生活的核心，也只能被無力和空虛所折磨。如果認爲生命沒有意義，沒有樂趣，那是因爲眞的沒有想實現的事情。這時最需要的就是能安慰想放棄的心，並獲得前進動力的燈塔。就像樹木擁有在任何情況下都能不分心，專注朝向天空伸展的樹梢一樣。所以我在講課的時候，偶爾會問聽眾：

「你的樹梢是什麼？」

對某些人來說，這可能是他們親愛的家人，也有可能是小時候無法實現的夢想。不管是什麼，只要有活下去的理由，就會產生克服困難、重新站起來的勇氣。時間對所有人來說雖然都是相同的，但根據自己內心的樹梢有多鮮明，今天一整天，或者十年後的我都會有所不同。但是沒有必要因爲現在沒有樹梢而焦慮，如果沒有，就去尋找、就去實現就行了。因此，在試煉或痛苦面前意氣消沉之前，應該先思考自己的樹梢究竟是什麼。

12

從紅豆杉身上學習如何漂亮地退場

因爲老銀杏樹生病，收到診斷的委託。聽負責管理樹木的公務員說，這棵樹已經治療了五年多，不但沒有恢復，狀態反而愈加惡化。診斷之後，我說我會試試看讓它活下去，然後便開始治療。但是，要開始進行現場業務時，我感受到那位一起去的公務員向我投以異樣的目光。我問他有什麼問題，他小心翼翼地回答：

「從那麼遠的地方到這裡來應該很累，你要親自來嗎？其實從現在開始派別人來也可以。」

這時才察覺到，對他而言，覺得不自在的正是我的年齡。實務負責人大部分都很年輕，站在他們的立場上，在面對我的時候可能很不方便。更何況，他只是站在我身後看著我以佈滿皺紋的手挖地、澆水，可能覺得很難適應。經過思考後，我決定去現場時，帶著職員同行，這爲雙方提供了一個可以隨意交談的溝通管道。

大概是從那個時候開始的吧，如果需要治療樹木的話，我只在制定診斷和治療計劃時參與，現場業務開始交給年輕的職員。我只有在必要的情況下才會到現場，平時經由照片聽取治療情況報告，並集中心力進行技術支援。當然，以前我也經常委託年輕職員進行簡單的治療，但決心把保護樹木也委託給他們治療還是第一次。

事實上我非常擔心，因爲照顧樹木不是只靠知識就能做到的。不僅要了解樹木的基本習性，而且要有眞摯的關懷，才能正確找出病因，並施以治療。派遣一個經驗不足的職員代替我施加治療，如果導致樹木狀態惡化怎麼辦？

但是領悟到這是無謂的擔憂，並沒有花費太長時間。我在對待生病的樹木時，著重治療之前更應掌握原因的原則。代替我前往治療的職員們不知何時學到我這個原則，他們沒有隨意做出判斷，對於可輕易治療的樹木，他們仍非常愼重，並隨時向我諮詢。但即便如此，在無法確信的時候，仍會請我過去看看。雖然有時意見不同，但是因爲知道這是出於無論如何都要救活樹木的熱情，我反而感到欣慰。今後，在他們的眞摯治療下，這片土地上的樹木將會重新找回生命。

隨著漫長歲月的流逝，紅豆杉的樹幹形成中空。
對於小動物和昆蟲來說，這是無比珍貴的樂園。

老樹大多是空心的，具代表性的例子就是生長在太白山山腳下的紅豆杉。「生而千年，死而千年」的紅豆杉隨著歲月的流逝，體內的空隙愈加擴大。在寒冬颳大風的時候，如果登太白山，就可以聽到在紅豆杉上發出似悠久的簫聲，這是只有在內裡空隙極大的情況下才能聽到的永劫歲月造就的聲音。

就像所有生命一樣，樹木隨著年齡的增長，免疫力會下降，對傷口的再生能力也跟著減弱。如果樹枝在風雨中折斷或因病蟲害導致樹皮受損，傷口部位就會流入水分，逐漸腐爛。因之支撐樹木重量的中心部分逐漸腐蝕，中心木質部消失的地方也將空無一物。但樹木並非一朝一夕之間就會倒下，它靠著支撐數百年的根部挺立，傷口留下的空隙裡棲息著小野獸和昆蟲，樹木空蕩蕩的內裡變成被寒冷風雨折磨得疲憊不堪的動物們的藏身處。應該說是樹木活著，並布施自己的身體吧？老子不也說過，「大成若缺，其用不弊。大盈若沖，其用不窮。」

去年冬天，我登上太白山，聽到了久懷歲月、隨風發出深沉簫音的紅豆杉的迴響。每個洞的位置和大小都不一樣，聲音也各不相同。我靜靜地聽著那聲音，突然產生了這樣的疑問：對於因上了年紀被社會遺棄，害怕聽到自己已經沒有用而戰戰兢兢活著的人們，紅豆杉會有什麼想法呢？雖然樹木的空隙是老病樹木的傷口，但樹木還能戰勝傷痛，甚至擁抱微小生命。

無論是誰，到了某一瞬間，都要後退一步，把自己負責的事情讓給別人。因爲不僅溝通不順暢，體力也會受到限制，精神上也很難處理各種實務。當然，如果有信心克服所有困難，做好工作，大家自然無話可說。但以我爲例，樹木醫師的工作在後世也應持續，要想做到這一點，將工作完整地交給年輕人也是我的責任。如果去治療銀杏樹的時候，負責的公務員因爲畏懼我而有所失落，並抱怨的話，會怎麼樣呢？會不會在某一瞬間，我成了一個頑固的老頭，並成爲年輕公務員們迴避的對象。另外，年輕職員可能沒有機會去治療保育樹木，那麼很自然地，他們眞正從事樹木醫師的工作也會被延遲。

有時遇到一些朋友，他們認爲年齡不過是數字而已，所以對於被社會排擠、被當作無用的老人感到不滿。如果沒有親身經歷過，絕對不會知道成爲無用的存在是多麼傷心和可怕的事情。但越是這樣，年紀大的人越需要的正是在歲月造就的空間裡，成爲懷抱小野獸和昆蟲的紅豆杉姿態。如果不是紅豆杉的樹幹中空，在嚴冬凜冽的風雨中，小野獸和昆蟲只能凍得瑟瑟發抖。因此，在應該退休的時候，與其強詞奪理，不如放下手中掌握的東西，讓出自己的空位。

去年夏天，爲了避暑而在農場休息時，職員發來一張照片和令人高興的訊息。

「院長，銀杏樹不但健康地活著，而且還長出了葉子。我因爲太高興了，所以發照片給您。」

從照片上看，彷彿什麼病都沒得過、再次復活的銀杏樹長出色澤鮮豔的綠葉。當時我曾囑咐過他，即使樹木痊癒了，也不能停止一定時間的訪視，照顧一棵樹的時候，應該認爲這是一生可以跟隨的緣分。受到委託管理樹木重任的他似乎很聽我的話，即使沒有什麼特別的事情，他也會前往觀察癒後，並發照片給我。也許那位朋友和銀杏樹結下的緣分會延續一輩子吧？我會以愉快的心情代替我那雙佈滿皺紋的手，爲照顧樹木的年輕樹木醫師加油。

13

所有人開始跨出第一步時
都會像種子一樣勇敢

白樺樹能長得很高，而下方的樹枝很早就會掉落，所以樹木長得越高，下方越顯得空曠。我種的白樺樹也是如此。我在江原道農場種植白樺樹苗木十年左右後，發現樹木下方空晃，於是種下扁柏和安息香樹。

事實上，當初並不是想同時栽培兩種樹木。在前往江華島席毛島的普門寺時，偶然在附近樹林發現了一團團四處掉落的扁柏樹種子。當時我正在尋找能與白樺樹一起生長的小樹，我覺得這是樹林給我的最好禮物，所以懷著感激的心情帶回江原道種下。但不知爲什麼，從發芽的情況來看，我種的不是扁柏，而是安息香樹。因爲在嚴冬撿到種子，只看到種子，沒有仔細觀察母樹之故。雖然瞬間感到驚慌，但我覺得這也是一種緣分。以安息香樹爲例，一年當中從一棵樹上掉下來的種子有數千個，但最終能發芽成樹的種子屈指可數。偶然間被我發現並能順利發芽，這實在不是一般的緣分。

我決心把安息香樹當做家人，但即便如此，也不能放棄扁柏樹。所以第二年夏天，我仔細觀察了附近的扁柏，然後把種子種下。世界上沒有無用的被造物，已經長大的安息香樹的細密葉子起到了很好的防風作用，扁柏樹每年都會在寬闊的葉片下綻放白色花朵，誘惑蝴蝶和蜜蜂。在春雨停歇的樹林裡，看到這些原本不起眼的種子長得那麼漂亮，真讓人生出敬畏之心。

早春時節，幼芽穿透凍僵的土地來到世界，是種子在漫長等待後創造出的奇蹟。夏末脫離母樹掉落的小種子從掉下來的瞬間開始，爲了尋找適合自己的土壤，開始了漫長的旅行。如果運氣好，在一年後就能站穩腳跟發芽，但如果沒有遇到合適的環境和條件，也有可能會在堅硬的殼裡度過數十年。即使是在隨風飄走或被水沖走之後，尋覓到適合生根發芽的泥土，並安頓下來，但也要等待適合自己的溫度和水分、適當的光線分配等條件符合的時刻。就這樣，種子把地裡的黑暗當作子宮，度過漫長的忍耐時間，一旦下定決心「現在可以了」，就會勇敢地把頭伸出泥土外面。只有種子自己知道該下決心的那一瞬間，這是種子本來的生理選擇和生命方式。我們夏天常吃的櫻桃即便沒有任何異常，但它卻可能是由超過一百年的種子長成的。

種子中同時擁有長久以來作爲種子存在的現在指向性，以及去殼後長成樹木的未來勇氣。這就是等待良好環境到來的力量，和隨時準備發芽的力量在種子內部矛盾和妥協的證據。經過長時間的等待之後，雖然部分種子會發芽，但大部分種子最終都沒能成爲樹木，就結束其生命。例如白樺樹，即便是在最好的環境，種子的發芽率也只有百分之十多一點。雖然害怕，但只有鼓起勇氣，從殼裡鑽出來的種子才能成長爲成木。

從這個意義上來看，種子發芽的奇蹟並不是盲目的等待就能實現的。如果不能勇敢地朝向天空邁出第一步，「等待」最終將不會有任何結果。

幾年前去演講時，認識了一個正在讀研究所的青年。我問他在學習什麼，他說自己並不是因爲立志學習才考上研究所的。事實上他想成爲作家，因此在求學期間曾多次挑戰各種公開徵文比賽，但均未取得太大成果。在畢業前一年，他看到同學一個個都找到工作，感覺只有自己原地踏步，突然變得焦躁不安。他心想如果再這樣繼續下去，感覺自己會成爲無業遊民，所以申請學貸進了研究所。

「與其成爲無業遊民，還不如維持學生身份。從總是在徵文比賽中落榜的情況來看，似乎自己的實力還不夠。一邊讀研究所，如果有機會就業的話，我想就一邊工作一邊寫作。」果眞會如他所想的實現嗎？聽著他的話，我想起了照顧樹木的年輕職員。他們當中的大部分人起初連草和樹木的名字都不知道，但是好的開始就是成功的一半，他們每天跟在我後面問東問西，遇到什麼問題就從樹木身上尋找答案，於是一天比一天成長。幾年之後，他們一眼就能看出一般樹木的狀態如何。如果以學習樹木理論爲由，只是坐著看書，或者以自己沒有多少知識，感到羞愧爲由，不跟在我後面，那麼他們絕對不會成長。

聽說最近就業就如同摘星一樣困難。拚命準備就業，大家卻說一般需要兩到三年，這哪裡是普通的事情？而且，不管是哪家公司，只要招到職員，就會希望他們努力工作，才不枉費發薪水給員工。在就業前就決心同時進行工作和寫作的人，眞的會有就業的機會嗎？而且因爲在幾次徵文比賽中落選就放棄挑戰的他，會有機會發表自己的作品嗎？我告訴那個朋友：

「只是等待的話，機會不會自然而然地到來。最好的時刻還是得自己去創造，不管是什麼，先開始著手不是最重要的嗎？」

夢想著更好的明天，耐心等待的姿態當然很重要，但是等待本身並不會改變什麼。就像小種子穿過漆黑的泥土，探出頭來一樣，首先，是不是需要從我所在的位置上跨出第一步的勇氣呢？

無論對誰來說，新的開始都是可怕和緊張的。但是根據我人生的經驗，絕對沒有錯誤的道路。即使嘗試的事情失敗了，但經驗會留存下來，對於做其他事情肯定是有幫助的。因此，爲了實現夢想，如果能有做點什麼的餘地，就應像種子穿過外皮、走向世界一樣，走向全新的環境。歌德不是也說過嗎？「在開始新工作的勇氣中，隱藏著你的天才性、能力和奇蹟。」希望讀者不要忘記，世界上存在的任何巨木都是從比指甲還小的種子開始的。

14

人們種樹的時候經常會犯的失誤

有一年初春，一位認識多年的朋友聯繫我。他平時經常說想住在院子寬敞的房子裡，以便有空間養花種樹，他終於實現了這個夢想。他用退休金加上出售公寓的錢，在首爾近郊蓋了房子，計劃馬上搬家。

「房子都蓋好了，現在只要種樹就行了，你來幫我看看，樹苗我已經看好了。」

幾天後我去找他，正如同他所說的，房子已經完工，種樹苗用的堆肥也已經準備好了。朋友給我看了一張標示種樹位置的設計圖。

「即使價格有點貴，我還是打算種松樹。只要種一次，就可以觀賞一輩子，多好啊。」

在確認種樹的地點後，我立即搖了搖頭。朋友計劃圍繞著陰涼的牆壁種植松樹，也許是嫌數量不夠，他在客廳的窗戶前還準備了種植松樹的位置。我問他是否打算只種松樹時，他說：

「我老婆說還要種別的樹，所以想在院子中間種楓樹和柿子樹。」

聽了朋友的話，我不禁失笑起來。因爲如果按照這個計劃，松樹在幾年內肯定會死掉，爲數不多的楓樹和柿子樹肯定也不能按照原來的樣子生長。我對朋友說：

「你知道人們種樹時經常會犯什麼錯誤嗎？就是只想著在看得到的地方栽種自己喜歡的樹，根本就沒想過樹木喜歡哪裡。」

正如每個人都有天生的氣質，樹木也是一樣，具有胎生的特質。區分特質的方法是需要多少陽光和水份，陽光特別是首要考慮的部分。

樹木在早晨太陽升起時開始進行光合作用，整夜吸入氧氣並釋放二氧化碳的樹木經由光合作用，開始製造氧氣爲自己所用。樹木不從外部吸收氧氣，它會自行製造氧氣自給自足，即氣體不進出的時間點被稱爲光補償點。簡單地說，光補償點是指植物能夠生存的最小限度的光量。也就是說，光補償點低的話，即便是僅有微弱的陽光也能進行光合作用；相反地，光補償點高的話，只有陽光充足才能進行生存所需的光合作用。

松樹是光補償點較高的代表性樹木，無法生長在陰涼的牆壁或高層建築旁邊。而且到了秋天葉子也不會掉落，所以種在窗邊的話，在本來就寒冷的冬天，家裡也會被樹蔭所覆蓋。我看過很多松樹因爲錯植在客廳窗邊，一夜之間就成了受氣包。

那麼柿子樹又如何呢？雖然光補償點比松樹低，但是爲了培育果實，需要不少的陽光。因此，如果在下午陽光充足的窗邊種植樹木，冬天也會很有韻味。

最後，楓樹比柿子樹的光補償點還要低。也就是說，用微弱的光線也能充分維持生命。如果無視這些條件，在從早到晚日照豐富的院子中間種上楓樹，將會看到楓樹因乾渴而苦苦掙扎，並逐漸乾枯的樣子。

我簡單地給朋友解釋了樹木各自的特質後，告訴他應該放棄貪念，要從樹木喜歡的位置重新思考。應該在陰涼的牆壁旁邊種植楓樹，而不是成行地種植松樹，松樹要種植在日照充足的溫暖庭院裡。他妻子喜歡的柿子樹不應該放在院子中間，而是要種在從窗邊能看到的牆角上，冬天也可以欣賞到喜鵲啄食而留下的柿子。幸好愛惜樹木的朋友最終按照我的建議種下樹木，幾個月後再去他家時，種在適合位置上的樹木正長著嫩綠的葉子。

適地適樹，就是在正確的地方種植適合樹木的意思。這可以說是種樹時最基本的原則，但人們卻往往忽視如此簡單的原則。栽種在橫貫市中心車道中央分隔島的樹木也是如此。因爲四季常青的緣故，所以經常能在中央分隔島看到栽種松樹的情況，松樹的葉子到了秋天也不會凋落，因此生長在該處的松樹葉子總是很骯髒。中央分隔島的樹木由於必須在車道中央忍受汽車的煤煙和灰塵，所以最好種植的樹木是每年換上新衣的落葉樹，而不是松樹。因爲無視天生的特質而直接種植，所以在松樹的立場而言，它只能一直帶著髒兮兮的葉子生活，葉子的氣孔被堵住，連呼吸都很困難。生活在城市中心的樹木大部分都被忽略自己的特性，並如此過了一生。因爲無論如何都要適應環境，所以失去了原本的面目。

每當我看到那些樹木的時候，就會想起那些與各自的天賦和才能無關，千篇一律成長的孩子。就如同樹木一樣，每個孩子都有天生的特質，但是大部分孩子在不知道自己特質爲何的情況下出生，然後像製作紅豆餅一樣接受同樣的教育，以同樣的方式成長。學校裡的第一名不見得就是人生的第一名，但每個人都只關注成績，一直向前衝。如果這樣做能保障幸福的生活也就好了，但遺憾的是現實並非如此。

在講課的過程中偶然認識一對大學教授夫婦，他們按照自己成長的方式，一味強迫孩子學習，最終在父母和子女之間產生怨恨。直到上大學爲止，一直按照父母的意願乖乖學習的孩子在成爲大學生不到一年就宣告要退學。孩子的理由是雖然已經想盡辦法去適應，但實在沒有自信要一輩子學習不適合自己的專攻。如果父母不是按照自己的意願行事，而是觀察孩子的天賦，幫助孩子找到屬於自己的道路，那麼孩子後來的不知所措、彷徨的情況是不是可以避免呢？但仍值得慶幸的是，在來不及之前，孩子開始認眞思考自己的適性。這非只有那個孩子的問題，在我周圍，有些人雖說到了中年，但還不知道現在做的事情是否適合自己，陷入爲時已晚的苦悶。

因此，我在解釋光補償點等樹木的特質時，經常以養育孩子的父母當作比喻。只要按照特質擺好位置，即使不去照顧樹木，它自己也能很好地成長。孩子只要符合天生的性格，把握好方向，就像小鳥離開鳥巢飛向廣闊的天空一樣，他們會過好自己的人生。但令人遺憾的是，很多父母卻不知道自己的孩子喜歡什麼，不喜歡什麼。就好像我那位說對樹木很感興趣，但對樹卻一無所知的朋友一樣。希望以後在說「我的孩子我最瞭解」這句話之前，問孩子「最近什麼最有意思？」的父母會越來越多。

15

即便去爬山，也不去山頂的理由

這是發生在大約二十年前的事情。我和關心森林生態的年輕人一起開始登山，聽完樹木課程的學員們自發性地組織了學習小組，後來就提議乾脆定期一起登山，並達成共識。我因爲爬山的次數最多，所以和意願無關，成了這個登山隊的隊長，定好去處後，一個月去爬一兩次。這樣爬山大概去了三、四次吧，那天也是一大早就見面，排著隊上山時，後面有一個人突然追上前問我：

「老師，今天也是走到一半之後就下山嗎？每次都連山頂附近都沒去成就下山，如果是這樣的話，我實在懷疑有沒有必要去那麼遠的地方爬山。」

以那個朋友的提問爲開端，到處都出現不滿的聲音。他們說好不容易抽出時間到山裡來，但每次好像都只是吃完便當之後就回去，爬山沒有流一滴汗，爬來爬去沒有意義等等，這段時間好像積累了很多不滿。

其實在某種程度上，我已經預料到他們的反應。有很多朋友的登山經驗都很豐富，而且大部分成員都是血氣方剛的年輕人，而我們的登山性質別說征服山頂，經常就只是慢慢散步，他們對此當然會有所不滿。

但是，我過去雖然享盡登山的樂趣，韓國的每一座山幾乎都去過，但眞正下定決心一定要登上峰頂的次數並不多。理由很簡單，因爲沒有理由急著去山頂。對我來說，山並不是一個需要拚命攀爬的地方，反而是一個停留的地方，所以我詢問那個臉上充滿悶悶不樂的表情，並等待我答覆的年輕朋友：

「你爲什麼想去山頂呢？去山頂的話有什麼不同嗎？」

對於這個意外的提問，他似乎有些吃驚，無法立刻回答。我看著其他人說道：

「今天你們上山的時候看到了什麼？記得什麼就說什麼吧！不要提上次登山時看到的，只要說今天在這個山上看到的。」

有小廟、看到了流經岩石縫隙的水流、看到了爬上樹幹的小松鼠……雖然說了很多東西，但沒有人能說出今天在這座山上看到的景物。

我之所以走在最前面慢慢移動腳步，是因爲如果以攻上山頂爲目的急急忙忙地爬上山的話，十有八九會失去登山時能夠感受到的所有東西。但那只不過是我個人的想法而已，每個人在山裡追求的樂趣都不一樣，每個人的目的也都不同。所以我只規定了下山時間，讓那些想登上山頂的人走在前面。然後再和那些剩下的人一起緩緩地邁開腳步。打個比方來說，這可以說是「玩味山行」吧？

吃下一口飯時，不要急於香嚥，如果細嚼慢嚥，可以感覺米飯特有的甜味、柔軟的口感。如此嚥下的飯才能和自己的身體融爲一體，達到了成爲補藥的完美境界。同樣地，爬山時也要細細品味，如此才能感受山裡所有的自然，所以我經常使用「玩味山行」一詞。

以前連風聲、流水聲都沒聽清楚過的年輕朋友們這時才收起投向山頂的視線，開始仔細地觀察周圍的事物。不僅是樹木和草，連鳥和昆蟲、岩石等也都投以關注，他們看起來似乎覺得很神奇的樣子。我爲第一次看清楚山景的他們補充了一兩句說明。我說每一片常見的樹葉都有不同的葉脈，而葉脈像地圖一樣精緻，此時到處都傳來了感嘆聲。

「只要能放慢腳步，好好感受一下，從一棵樹上就能找到上百個故事。就像細細品嚐米飯一樣，山也要慢慢品嘗，感受一下它的味道。」

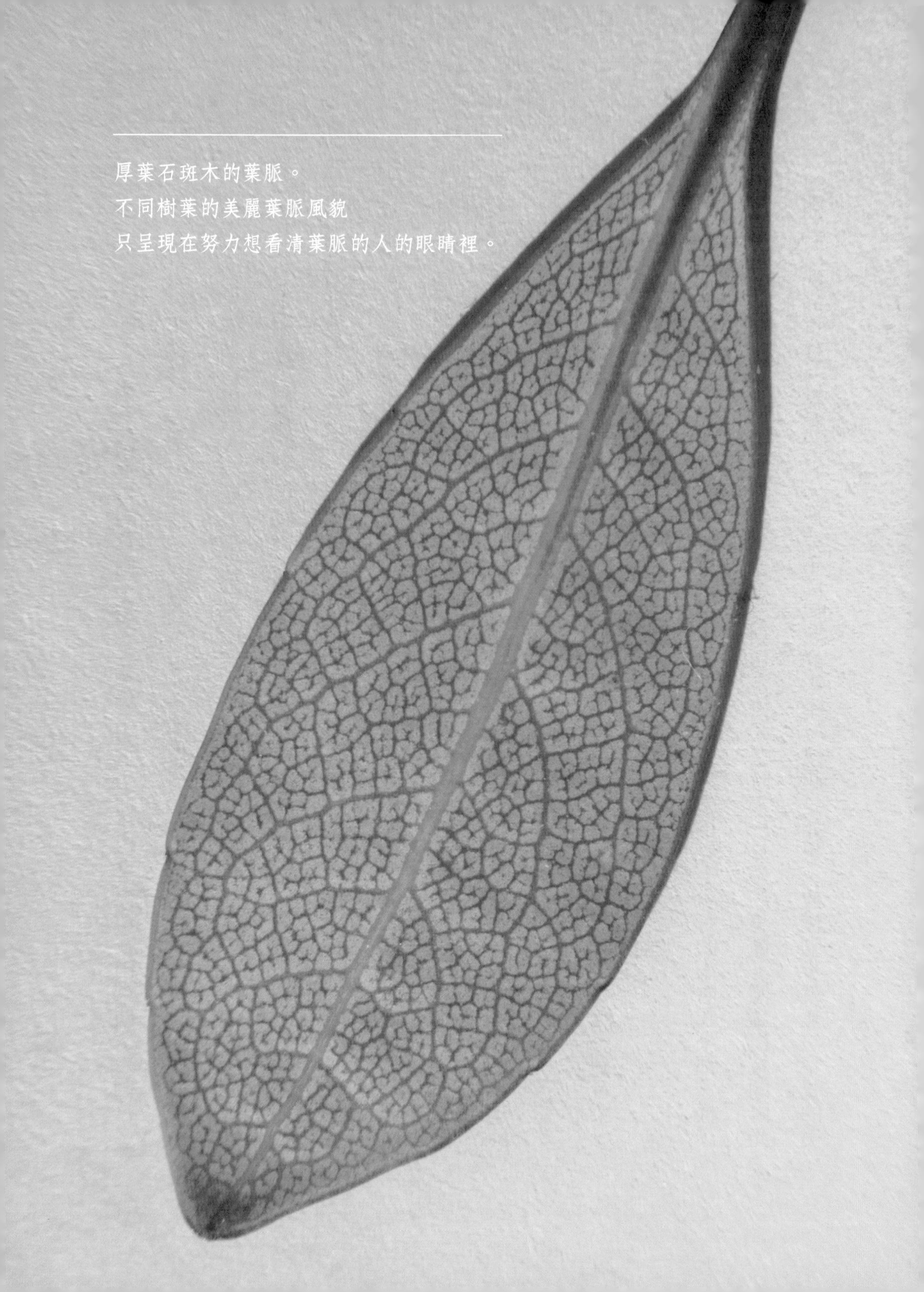

厚葉石斑木的葉脈。
不同樹葉的美麗葉脈風貌
只呈現在努力想看清葉脈的人的眼睛裡。

從那時起，我們開始進行的登山不是急著爬到山頂，而是爲了停留在山裡面。幾個月之後，我們的聚會有了名字，名爲「入口登山會」。那是因爲在登山公告上分明有山的名字，但每次都是徘徊在山的入口處，然後就下山，也因此而得名。有趣的是，雖然名爲登山會，但其實並不相符，而那些懶得爬山的朋友現在竟成爲森林生態專家，在該領域十分活躍。我們現在偶爾也會一起登山，但是登山會的名字變了，叫做「半山腰登山會」，因爲名義上是登山會，所以決定至少要走到半山腰。可是這個決定在登山開始的那一刻起就會徹底崩潰，即使是同樣的山，每個季節的風貌都會改變，隨著歲月的流逝，面貌也會出現不同，如果要將這些面貌一一銘刻在心裡並行走的話，速度絕對不可能加快。黑柳徹子的小說《窗邊的小荳荳》中有這樣的句子：

「也許世界上眞正可怕的是，即使有眼睛也看不到美麗的東西，有耳朵也聽不到音樂，即使有心也理解不了眞實的東西、無法感動、無法燃燒內心熱情的人。」

也許爬山和人生是一樣的。如果只是想登上山頂，那麼世界上所有的山看起來都一樣，但如果像慢慢品味一樣邁開腳步，就會看到在走得太快時未曾見過的美麗。照耀樹枝的陽光隨著時間的推移一點點傾斜，形成不同形狀的影子，這也是如果不放慢腳步就無法察覺的美麗。

這與瞭解某個人的過程是不是也很相似呢？得長久仔細觀察才會知曉。特別是如果不仔細觀察對方特有的美麗，是絕對無法深入瞭解的。所以我想起約翰·莫菲特的詩，他曾說如果想知道什麼東西，就要長久地觀察下去。

想知道什麼，
如果眞要知道的話，
要凝望很久。
看著綠色。
說「在這片森林裡看到了春天」，
這是不夠的。
要成爲你看到的那個東西，
要成爲蕨類植物葉子的乾枯絨毛
以及彎彎曲曲的黑莖，

要能從樹葉之間小小的寂靜中進入。
必須以充分的時間
摸到從那片葉子流出的
和平。

如果您到目前爲止只是急於登頂，那麼下次是不是試著盡量放慢速度，去走一趟「懶散的山行」如何？若能依稀看到依附於葉子上的露珠裡隱藏著整個宇宙的事實，那麼我們未來只知道向前奔跑的枯燥生命中也會流淌另一種光澤。暫時降低速度，平緩呼吸，回顧一下過去失去的珍貴東西，是不是也很不錯呢？

16

死去之前
一定要拋出的問題

我有一個因爲演講結識的朋友，我和他是在從事環境運動的團體見面，進行了二十多年的交流後，他突然失去消息，我正覺得納悶的時候，有一天他打來了電話。懷著喜悅的心情，我們馬上見面並詢問了近況，結果得知他這幾年一直都在緬甸種樹。奔走於韓國和緬甸之間，連聯絡都顧不上了。我因爲有很多好奇的問題，正想問他時，他卻先開了口。

「你知道緬甸有個像韓國慶尙道大小的沙漠嗎？我剛開始很難相信這件事，但實際去看了一下，荒涼的沙漠無邊無際地延伸出去。」

緬甸是一年四季都會下雨的熱帶雨林國家。年降雨量超過兩千五百公釐的高溫潮溼地帶怎麼會出現沙漠呢？朋友說，住在那裡的當地人生活非常艱苦，在叢林中間伐木，然後種上救荒作物玉米。居民的食物和生計問題雖獲得解決，但沒過多久，問題就發生了。因爲樹木消失，所以出現只有當地溫度升高的奇異現象。巨大的玉米田上，熾熱的空氣層如穹頂般，來自大海的烏雲像跳過當地一樣避開那裡，不僅玉米，任何作物都無法在當地生長，逐漸成爲荒蕪之地。緬甸居民只顧眼前的生存，卻在叢林中製造出像圓形脫毛症一樣的空洞。在環境團體工作多年的他於是自願參加了沙漠化土地的復原工作。

「爲了重新連接斷裂的雨路，我正在種樹。雖然砍伐的樹木有數千萬棵之多，恢復緩慢，但看著變成沙漠的森林逐漸恢復往日的面貌，我只是覺得感恩。就好像是人們最終從被砍伐殆盡的樹木那裡重新得到幫助。」

在荒廢的土地上，成排種植的樹木就像吸管一樣牽吸附近的雲層。聽朋友說過去有空就學習樹木知識的過程帶給他很大的幫助，我想起了不久之前去過的月精寺的杉樹林。在霧濛濛的清晨，我和學生們從月精寺一柱門出發，走在綿延不斷的杉樹林道上，後面的一名學員大聲喊道：

「老師，樹木好像在下雨。聽說月精寺的杉樹林可以洗除世俗的污垢，每當從樹下經過時，眞的都有水滴下來，甚至衣服都溼了。」

那位學員所說的就是樹雨，亦即樹木灑落的細雨。空氣中的雲顆粒或者樹葉上的露珠暫時附著在樹枝或葉子上，匯聚成較大的水珠後滴落下來，這在針葉樹生長的高山上經常可以見到。在南非共和國開普敦的桌山，夏季降下的樹雨是一般降雨量的三倍，成爲大大小小動、植物的重要水源。我停下腳步，一邊解釋樹雨的原理，一邊補充說道：

「樹木只是站在原地就能下雨，僅依靠存在本身就可以讓自己所屬的世界變得更好。」

不知是否因爲《毫無保留奉獻的樹木》這本著名童話之故，大家都知道樹木只是奉獻出自己所有的存在，但實際上樹木的所有行爲不過是爲了自己而進行的過程而已。在緬甸沙漠中的樹木聚集雨雲、在半山腰下著樹雨的針葉樹，實際上也只是爲了獲得自己生存所需的水份而竭盡所能罷了。但是，每時每刻都熾烈而活的痕跡，不僅有利於樹木本身，也有利於其他一切。無論樹木生長的位置多麼貧瘠，竭盡全力堅強生活的結果就是不但能讓自己生存，還能幫助其他所有生命。

我自己不但能活命，還能幫助別人，這件事談何容易。稍有不慎的話，反而很容易傷害他人。也許正因爲如此，仔細想來，這個世界上沒有不喜歡樹木的人。正如同有一些人的存在本身就能帶給人舒適和幸福感一樣，世界上所有的樹木都是如此。樹木僅僅是存在，就能給萬物的生命帶來豐饒的感受。但我呢？難道我從來沒有爲了自己的生存而假裝不知道別人的難處嗎？

我的朋友結束短暫的韓國日程後，即將再次回到緬甸的他給了我一張生長在緬甸沙漠的樹木照片。照片中的樹木綠葉茂盛，讓人難以相信那個地方是沙漠。雖然爲了與風沙搏鬥，並扎下樹根，身體和樹枝都爲之扭曲，但它們披上原本就應該穿著的綠色衣服，向著天空成長的模樣卻無比清新。

從那以後，我養成了一個習慣，爬山時一定會定時回頭看一眼。回顧我走過的路，觀察我從那裡擦身而過的痕跡。確認我有沒有踩到爲了呼吸而伸出頭來的樹根，有沒有爲了確保視野而在不經意間用手撥開的幼枝。另外，如果我看到掉在樹下的果實，就會用力按壓一節手指左右的深度，獨自禱告希望它們第二年能夠順利發芽。

我覺得生活也應該如此吧？無論如何，我們走過的每條路都會留下痕跡，既然會留下來，那就應該讓這個世界更美好一些，多增加一個覺得和我在一起感覺很好的人，那會有多麼大的成就感呢？所以我的人生目標就是像樹木一樣活著。以這個題目出版書籍以後，曾經後悔過很多次。怎麼可能活得像樹木一樣呢？但即便如此，我還是想達成這個目標，如果活得像樹木一樣的話就沒有遺憾了。

17

符合自然的眞理而活

回想起來，結婚以後妻子和我沒吵過幾次架，這可能是因爲妻子和我平時的話都很少，而且互相尊重各自的領域。特別是妻子對於畢生輾轉於全國各地，治療罹病樹木的我毫無怨言，只是默默地守護而已。但是會讓這樣的妻子捲起袖子，找我理論的，只有一件事情。這件事情就是我們農場裡的白樺樹，它會在一瞬間把話不多的妻子變成嘮叨鬼。

年輕時，我和妻子志同道合地在江原道華川購地後，最先種下白樺樹。當時白樺樹很難找到，我們花了好幾天時間把三千株白樺樹幼苗種下，心情不知有多激動。

但那份悸動也沒能維持多久，沒過多久就出現了問題。與土地面積相比，這些樹種得太密了。過了三十年後的今天，農場裡的白樺樹還不到三百棵，剩下的兩千七百棵不得不親手拔掉。這是爲了確保樹木能夠永久生長的空間，所以才砍伐掉部分樹木。剛開始處理掉樹苗的那天，我只能默默承受妻子的各種指責。

「如果早知道是這樣，那一開始就應該種三百棵，種那麼多的樹還去砍，你有砍樹的權利嗎？」

因爲不是不明白妻子傷心的心情，所以沒有任何抗辯，只是聽著，但這是沒有辦法的選擇。

小樹要想長成成木，必然要經過競爭的過程。因爲只有在密度高的地方競爭，才能產生初期生長。所以我故意從一開始就密集栽種白樺樹苗，按照我的意圖，這些樹木果然爭先恐後地向天空伸張，樹幹沒過多久就長得很粗壯。

我第一次砍掉樹木就是在那時候。體型壯大成數十倍的樹木開始抱怨空間太窄，活不下去了。要想確保樹木能充分接受陽光照射的空間，就必須做出犧牲。因此，幾年期間強行進行砍伐，樹木間距剛開始時是一公尺，現在已擴大到七公尺。也就是說，即使是粗略估算，也可知七棵樹中有六棵爲之消失。

如果按照妻子所說的那樣，從一開始就每隔七公尺種下幼苗，那又會怎麼樣呢？可以斷言的是，樹木會被野草和藤蔓纏住，連幾十棵都很難生存下去。經過幾次令人心痛的砍伐作業後，現在長成二十多公尺高的白樺樹已經成了一片成熟的樹林。他們每年凋落的葉子使土地變得肥沃，隨著歲月的流逝，這裡成爲讓更多生命成長的樂土。

雖然是爲了營造健康的森林而不得不做出的選擇，但正如妻子所說的，我沒有隨意砍伐樹木的權力。因此，只要是將樹木砍下，讓它們回歸土地的那個夜晚，我就會感到心情不好，無法輕易入睡。但唯一讓我感到欣慰的是，我施行的砍伐過程是與自然狀態最爲接近的方式。

看到樹木被砍掉會心痛，其實是從人類的觀點感受的個人感覺。在自然的狀態下，有更多的樹木在成爲成木之前就已失去生命。別說是一公尺，在不到一寸的密密麻麻空間裡掙扎後消失的這些樹木，其作用只是一種「領跑者」。也像是爲了某人的勝利，只在一定的距離內跑在最前方，然後讓出位置的傭兵一樣。從另一方面來說，這眞是殘忍的事情。在符合生長條件的時候摒住呼吸等候，好不容易才發芽，但卻連一朵花都沒開過即行倒下的樹木不計其數。

農場茁壯成長的白樺樹群。
無論是白樺樹抑或人與人之間都要有適當的距離，才能平安、健康存活。

但是有一個事實是不能忘記的，一棵樹的生命取決於那棵樹所屬樹林的健康狀態。被淘汰後倒下的樹木會回歸到泥土中，成爲地底下無數生命的食物，成爲生存下來的樹木的肥料。因爲它們的犧牲，光禿的荒山在不知不覺間，也能重新長出健康的森林。

老子在《道德經》中說「天地不仁」，意思是說天地並不仁慈，只是對存在於其中的所有生命放任不管，不予以照顧。把自然比喻成慈母的懷抱只是人類的錯覺，從統計來看，老子的話沒錯。每棵樹從統計學上看，一生中只能留下一、兩棵後代。有人主張比人類活得更久的樹木一年能結出數千個種子，但這其實是荒唐的數字，因爲剩下的大部分都是在未發芽的狀態下腐爛，即使好不容易發了芽，也會在競爭中落後，最終迎接被淘汰的命運。此時此刻，仍有數目龐大的種子和樹木在陸續結束生命當中，這不是一個可以被追究對錯的問題，而只是自然的哲理而已。

非但是樹，在地球四十六億年的歷史中無聲無息消失的生命到底有多少？就算人也不能例外。一些學者警告說，在今後消失的生物中，有可能包括人類。

暫且不說人類的絕種，我們人類對於眼前發生的微小現象也依據自己的感覺加以解釋，可說人類只不過是極其微弱的存在。人們常說的自然規律其實也只是從人類的觀點來解釋罷了，也許只有努力接受自然，自然和人類才有可能眞正共存。

我也一樣，每次在面對樹木時，我都會努力做出自己的判斷，但總是陷入感情超前、隨心所欲的誘惑之中。我雖然知道在面對逐漸消失的存在時，表示遺憾和哀悼的情感其實只是人類創造的自我憐憫，但又能怎樣呢？所以我直到現在也在生命將盡的樹木面前用內心向它們行注目禮，最後向樹木做最後的告別，我對它們說活著的時候辛苦了，回到土地裡好好休息吧。只是我會反覆觀察，是否在我的內心深處也存在著用人的尺度判斷自然、想去建立生命基準的想法。

18

世上沒有
可以隨意對待的存在

對於學習花草樹木知識的人來說，濟州島有點特別。因爲這裡不僅存在很多只能在濟州島看到的特有植物，而且還能看到面積雖小但未被破壞的自然狀態的森林。我也是每次有機會時，都會去濟州島，而這些時候，有個地方是我一定會去的，那就是廣泛鋪陳於濟州島東部、西部、北部的葛扎瓦。

葛扎瓦是由意謂森林的濟州方言「葛」和意謂雜亂交錯樹叢的「扎瓦」組成的合成語，在熔岩橫掃過的範圍內，喬木、蔓藤樹木和覆蓋尖刺的樹木交錯形成了樹林。再加上自從得知它是北方植物和南方植物共存的生態界的寶庫後，這裡變成象徵濟州島的著名景點。

去年夏天，我和剛開始研習樹木的新生們一起訪問了葛扎瓦。他們才剛開始領略到學習樹木知識的樂趣，在到達葛扎瓦之前就已經充滿了期待。看到只有生活在

生長在葛扎瓦的伏牛花，
身上長滿尖尖的刺。

那裡的神奇植物，他們從進入樹林的那一刻起就發出了驚歎聲。我向興奮地觀看樹林的學生們提出一個問題。

「熔岩流過的貧瘠岩塊縫隙中，這種天然的樹林怎麼可能生成呢？風很大，也可能會被人們破壞，但是樹木怎麼能長得這麼大呢？」

正興奮聊著樹木的學生們突然說不出話來。這是因爲他們雖然對於眼前的樹木瞭解頗多，但從未想過整個樹林是如何形成、並加以維持的。俗話說，見樹不見林，我爲了告訴學生們答案，帶著他們去到樹林的邊緣地帶。

「就是因爲這些傢伙，如果沒有這些樹木，就不可能看到這個多樣植物交織生長的樹林了。」

在我停止腳步的地方，樹枝上掛著一根根尖刺的樹木交錯在一起，阻止我靠近。雲實、伏牛花、土茯苓等均屬此類。荊棘在森林周圍用全身抵擋炎熱的陽光和狂風，濟州島的石頭地面上才能形成茂密的森林。在某首歌詞中，把自己心裡無法勝過的悲傷和孤獨比喻成荊棘，表現爲無論誰來訪，都無處休息，連疲憊的小鳥也無法擁抱，但實際上長有荊棘的樹木卻與此相反。

葛扎瓦是火山爆發後流下來的熔岩所形成的土地，實際上是不毛之地。在無法孕育任何生命的貧瘠岩地上，最先扎根的便是小草和帶刺的樹木。在炙熱的陽光和乾燥的土地上，因為帶刺樹木的堅韌生命力，沙礫地逐漸變成植物可以扎根的地方，因此從漢拿山山麓飛來的種子也逐漸奠定基礎。

在樹林逐漸形成之後，荊棘就會把自己的位置讓給高大的樹木，遷移到其他不毛之地。正如工地的遮擋板一樣，在建築物完成後，將遮擋板拉出來，展現嶄新的面貌，葛扎瓦的荊棘也是如此。因此，沒有帶刺樹木的森林意味著其成熟度。

它們開拓貧瘠的土地，直到小生命長大，一直扮演著守護者的角色，它們被稱為樹林的衣服，即林衣。在樹木和森林相關的各種生態名字中，這是我最喜歡的單詞。向天空伸展樹枝的巨大樹木雖然也很帥氣，但外表雖不甚特出，卻始終維持青綠，默默地遂行自己責任的帶刺樹木，其粗糙的葉子顯得更加親切和溫馨。因為那裡叢生任何人都無法靠近的荊棘，所以裡面的樹木在保護之下成長茁壯，嬌小而脆弱的鳥類也能在那裡安全築巢，抵禦天敵。

荊棘在任何植物都不願意扎根的貧瘠土地上勇敢地站穩腳跟，直到其他生命到來為止，一直勇敢地守護樹林，但在某一瞬間，連自己的位置也為之讓出，然後靜靜離開。他們用自己的身體詮釋出無論何種生命都蘊含著各自生存的理由和價值的眞理。雖然不起眼，誰都不會注意它們，但那又如何？帶刺的樹木只是默默地守護自己的位置而已。

也許正因如此，每次去葛扎瓦的時候，比起稀有的野生植物或高聳的樹木，我更關注在樹林邊緣認眞執行警戒任務的荊棘。每當因各種雜務疲憊，因各種雜念而心煩意亂的時候，我只要看到那些以始終如一的朝氣活在今天的朋友們，就會露出笑容。雖然長著尖刺，生存於偏僻角落，沒人關心，那又如何？不要只因不出眾的外表就隨意判斷，世界上沒有可以隨意對待的存在。

19

柔和終究會勝過強悍

登上首爾道峰山望月寺的路邊有一塊蟾蜍岩石，因爲好像是蟾蜍吃掉蒼蠅後佯裝不知似的坐在那裡，因而取了這個名字。但如果仔細觀察，就會看到岩石下方有更加神奇的情景，那就是大小如同房子的岩石像是被斧頭砍過的木柴一樣裂開。

雖然說大石頭像乾柴一樣分裂、掉落是花崗岩的特性，但實際上，最早讓岩石產生縫隙的不是別的，而是樹木。長在岩壁上的矮小樹木將比自己身體大數十倍的岩石加以分裂，到底它們憑據的是什麼力量，竟然能將這些大岩石像切豆腐一樣劈開呢？

在尚未長出外皮的幼樹根部尾端，有一個名爲根冠的組織，負責在挖掘泥土時保護樹根，使其不會留下傷口。在不知不覺間將堅硬的岩石裂開的就是這個根冠。那麼根冠是否正如岩石穿孔機的鑽頭一樣，具有一次就能鑽破岩石的強大力量呢？那倒不是。環繞根毛末端的根冠反而比樹木的任何組織都要脆弱，只是溫柔地包裹根部末端的生長點，分泌黏稠的黏液質而已。有趣的是，一次就能分開房屋大小的岩石的祕密就在於這種柔和的黏液質。

根冠分泌出的黏液質不僅能使粗糙的泥土變得柔軟，還養活了周圍無數的微生物。玉米根部的一公克黏液質中含有可讓一百億個以上的細菌生存的營養物質。因此樹根產生眾多生命體一起生存的共存空間。這樣形成的生命循環會滲進堅硬的岩石中，腐蝕岩石，形成小裂縫。起初，細小的微生物會慢慢進入肉眼看不見的縫隙中生活，樹根會延伸到這些鬆軟的空間，無論是再如何堅硬的岩石最終也會裂開。

攀登岩石特別多的道峰山時，在似乎無法扎根的岩壁中，可以看到泰然自若生長的樹木。以前每當看到這些樹木的時候，都會感到有些驚險和惋惜，但現在覺得它們非常了不起。因爲我知曉，這些樹木雖然扎根於貧瘠的岩石上，但樹根的柔軟屬性不僅能拯救樹木本身，還能讓周圍的各種生命存活，並且正一點一點地前進。

豈止是生長在岩壁上的樹木？在人生道路上也會遇到堅如磐石的牆壁。那堵牆又大又厚實，無論付出任何努力都不爲所動，論誰碰到都會生氣。但是在絲毫不動的牆壁前大聲呼喊、生氣，剩下的也只有強烈的挫折感和傷痛而已，不會有任何改變。

我年輕的時候，也經常因爲圍繞在我四周的牆壁而生氣。可能是因爲從小就要負擔家計之故，經常被諸如「你這個小傢伙懂什麼？別逞強！」此類的嘲弄和揶揄所擾，而越是如此，我也越是被想要表現出更強悍的念頭所壓制。在我眼中，整個世界都是必須勝利的戰場。

在治療樹木的同時，也曾有一段時間無法消除對世界的憤怒。尤其是每當看到爲了自己的利益，說「樹木這種東西死了也無所謂」的人時，我都會無法忍耐而生氣。但是隨著時間的流逝，我逐漸明白了一個眞理：越是強硬對抗，鬥爭就越激烈，憤怒只會引發更大的憤怒。

這是發生在我氣血旺盛的四十多歲時的事情。當時我得知江原道一個山村裡的古老櫸樹必須移植，因爲擔心，所以前往該地仔細觀察樹木，發現因爲樹木是長在石地裡，所以需要時間做樹根處理（在移栽樹木之前，爲了讓樹木能夠順利成活，事先斷根，並養根球）。但經過打聽，才知道必須緊急移植樹木的理由只有一個，那就是樹木妨礙了村莊道路的修建。

他們的行爲讓人一眼就能看穿，如果道路獲得建造，地價就會上漲，他們也想趁這個機會賺點錢。但他們明明可以直接把樹木砍掉就好，爲什麼要叫我去呢？

當時我以爲，如果好好說明欅樹的狀態，村民們會尋求其他方法。但即使我再次說明，他們也仍然像鸚鵡一樣重複著，要我立刻把樹木移走。我因爲他們的私心而極度憤怒，但還是極力壓制，並下了最後通牒，說我做不到，要他們去找別人，然後轉身離去。但我還是不忍離開，如果沒看到，還能裝作不知道，但實在不能就這樣不管，讓欅樹死去。要怎麼做才能救活欅樹呢？

回家以後，我開始整理行李，然後又再次回到那個村子，從那時開始了持久戰。我先在欅樹底下搭起了帳篷，居民生氣地問我：「叫你來是爲了移走樹木，你卻搭起帳篷，這是要示威嗎？」

「即使是必須移走，我們也應該先把它弄成可以搬家的狀態吧？如果按照這個情況，硬要遷移的話，欅樹會立刻死掉。」

然後從那天起，我連續幾天拜訪各個家庭，詢問有沒有什麼可以幫忙的。因爲那裡大部分都是只有老夫婦兩人居住的農村，所以有很多事情可由年輕的我來代替。從在土地上搭建支架，一直到修理老舊的鍋爐，再到修理關不攏的房門，我主動要求做一些他們根本沒要我做的事情。對於那些說做這些事情是沒有用的，並敵視我的人，我只能厚著臉皮進行回應。

「我只是趁著照顧大樹的機會，順便照顧一下您有沒有不方便的地方而已。請您看在我的面子上，以後請好好照顧樹木吧！」

治療欅樹、幫助村裡的工作不知道過了多久，有一天我從早上開始一直在修理某個人家倒下的圍牆，房主悄悄走過來問道：

「如果馬上把那棵樹木移走，樹木就會立刻死掉嗎？」

剛開始的時候連聽都不願意聽的人，現在卻對樹木的生死問題表現出關注。還有人偷偷遞給我零食，說當初生氣，真不好意思。就這樣在村子裡幫助老人大概過了三、四個星期之後，那些威脅說如果不立刻把樹木移走，就要用鋸子鋸斷的聲音逐漸平息。雖還是有人對我投以不中意的目光，但畢竟是極少數。

這時村裡的里長找到我說，不立即建設道路也不會出大事，所以可以在做好移樹準備以後再行搬遷。也就是說，看在我這個年輕人付出努力的份上，他承諾不會馬上移走樹木。讓村子陷入一片混亂的欅樹遷移問題就此告一段落，這時我才鬆了一口氣，離開了村子。

雖然不是當初計劃好的，但對我來說，是經歷無數類似事件後做出的最終對策。從之前的經驗來看，即使生氣、提高嗓門、發生衝突也沒有什麼不同，反而只會使關係更加僵化。當時我只是想，反正樹木要被移走，我希望能爭取一些時間，讓樹木恢復健康。而且將樹木移走之後，希望有人看在我的面子上，不要對樹木置之不理。因此好不容易想出的對策就是帳篷示威（？）。我幫村裡的老人工作，其實是委婉地傳達希望他們不要對於病痛的樹木毫不在意的心意。幸好村裡的老人們覺得我難能可貴，因此櫸樹也才得以存活。

從那以後，無論遇到多麼不合理的情況，我逐漸改掉以前當場硬碰硬的習慣。我終於明白，絕對不要想用力氣讓對方屈服，而且與對方進行對抗並不是什麼本事。

懂得不做對抗，先退一步，柔和地繞道而行，那並不是輸。獨自挺直的樹木在盛夏的暴風雨中都會最先倒下。人也是一樣，無論我多麼正確，對方有多麼理虧，也不能把對方推到懸崖邊。老子不也說過：「弱之勝強，柔之勝剛。」

我現在懂了，溫柔最終會戰勝剛強。但實踐起來並不容易，我還差得遠呢。

20

給正在準備人生第二幕的人

最近只要去講課的時候就會發現，無論是出於自願還是年紀已到，有不少準備退休的人爲準備人生第二幕而前來聽課。不久前也是如此，在森林解說員的培養課程中，白髮稀疏的中年男性尤其多。我利用休息時間向負責人詢問，他回答好像是過去同窗的中年男性集體申請了課程。想起他們人生的一半以上都是爲了公司和家人努力工作，在這個年紀還想要學習新知識，面對這些想重新開始的人，我不知爲什麼心情很沉重。他們馬上就要面臨找工作的情況，而且還要學習，眞是太辛苦了，所以我比平時更努力地講課。

但是那天講課特別累。我平時爲了讓學生明白面對樹木的態度，經常進行問答式教學，但那天對於我的提問，幾乎沒有人作出回答，尤其是那些中年男性，連一次都沒回答。「草和樹木的區別是什麼？」我鼓勵他們答案不正確也沒關係，只要說說自己的想法就好，但他們還是沉默不語。最終只能以爲數不多的年輕朋友爲對象進行課程，而且因爲沉重的氣氛，課程進行得也不順暢。

接下來安排了一起用餐。學生之間可以聊一些在課堂上沒能說完的話題，如果關係變好，或許以後也可以互相幫助，所以我特意安排了這次活動。但坐在同一側的中年男性彷彿事先已經約好似的，只是要求坐在對面的人倒水、給碗筷、遞餐巾紙，自己一根手指都不動，只是用嘴巴使喚別人，我看著都覺得太丟臉了。

一開始就如此，對話自然不可能順利進行。我實在看不下去，於是問他們：「上課的時候有沒有想問的問題？」他們沒有回答問題，只是顧著感嘆各種個人的苦悶，所以我也只能閉嘴。

另一方面，我也能理解他們的心態。在社會生活中，他們應該都晉升到一定的位置，總是對部屬下達命令，現在重新成爲學生，想回答問題也應該很不自然吧？平時吃飯的時候也總是有人會爲自己效勞，所以下達指示好像已經成爲習慣。

但是由於這種態度，他們最終沒能獲得更多的知識，也失去了和今後可能對他們有幫助的人交流的機會，而且竟然沒有人問我的聯絡方法。他們雖然正在準備人生的第二幕，但是

依據扎根位置的不同，就會呈現完全不同面貌
的水榆花楸好像在問我們：
「為什麼活得那麼枯燥無味？」

他們並沒有準備好要去學習和熟悉的心態。吃完飯出來，我覺得很不是滋味。他們當中究竟有多少人能成爲森林解說員，成功邁出充滿希望的第一步呢？

山上隨處可見的代表性高大樹種是水榆花楸。到了秋天就會結出紅豆大小的紅色果實，果實上鑲著像梨一樣白的小點，因此又被韓國人稱爲紅豆梨樹。春天盛開白花，秋天則是結出大大小小的紅果，不僅能讓我們大飽眼福，還能成爲生活在山上的小動物們重要的冬季糧食，因此是值得我們感恩的樹木。因爲花朵和果實非常顯眼，而且是高達十五公尺以上的大樹，所以似乎很容易辨認，但出乎意料的是，人們很難找到水榆花楸。這是因爲根據扎根的地方不同，樹木的形態會完全改變所致。

水榆花楸如果生長在溪谷附近的肥沃土壤中，樹幹會生長得極爲粗壯，甚至能長到超過雙臂合抱的大小。而因爲茂盛的葉子會形成樹蔭，所以盛夏登山時最適合在水榆花楸樹下休息。問題是水榆花楸的果實是鳥類喜歡的食物，依據天上飛翔的鳥類將摻雜有種子的糞便排泄到哪裡，樹木的命運將會發生一百八十度的轉變。如果種子幸運地落在溪谷附近肥沃的土地上，就會像本性一樣伸展無數樹枝，長成合抱大樹，但如果落在山頂的岩石稜線上，就會變成完全不同的樹木。在稜線上，強烈照射的陽光和不足的水分無法讓樹幹直直地伸向天空，也無法盡情伸展樹枝，而樹木的高度也會僅等同於矮小的灌木。水榆花楸根據不同的地點，會改變自身的面貌，迅速適應環境。但何止於水榆花楸，雖然樹木適應環境的程度有所不同，但根據周邊環境加以適應是樹木的首要生存戰略。

仔細觀察之後會發現，樹木的適應能力是從拋棄所擁有的東西開始的。樹種相同，但位於沙漠和草原交界處的樹木與生長在肥沃土地上的樹木相比，伸展的樹枝少，樹枝上的葉子也不多。但是爲了在乾燥的氣候下生存，樹葉很厚。如果進入沙漠，連原來的葉片也全部消失，在原有葉子的位置上留下刺。爲了在相異的環境中生存下去，樹木徹底拋棄原來的面貌，適應那裡的條件。更何況不僅是適應環境，它會將周圍的其他生命聚集在一起，創造新的生命之地。無論是如何貧瘠的土地，只要樹木停留一次，其後留下的位置也能變成充滿生命的空間。

不抱怨被賦予的環境，安然接受變化，完全適應自己目前所處的情況，這些都是樹木之所以能成爲地球上現存最古老生命的原動力。

《旅行是爲了放大生命的極限》的作者洛夫．帕茲表示：「無論是職場或習慣，丟棄、離開是爲了實現夢想而不斷進行的方向轉變。」但是如果想讓這句話成爲現實，就不應該留戀過去，而應該努力改變自己，適應環境。我們雖常說過去的經驗會成爲武器，但這是準備好改變和適應以後的事。在無法適應變化的環境、未能正視自己的情況下，過去的經驗反而只會變成毒藥。就像雖然是來聽課的，但完全沒有做好接受現實、適應現實的中年男性一般。

看著生長於山頂稜線岩縫中的水榆花楸，它們全力適應所處環境、享受生命的模樣會讓我在不知不覺間變得愉快起來。在現實生活中，無論是出於個人意願或是外在環境，我們都會有必須離開現在位置，尋找全新道路的時刻。如果現在你就站在那個歧路口，那麼你有必要仔細思考現在你所處的位置是在哪裡、爲了適應新環境需要的是什麼。

第三章

身爲三十年的
樹木醫師，
我所領悟到的事情

I learned life from trees.
The essential life
lessons from trees,
the oldest and wisest
philosophers in the World.

21

最好的事情都會降臨到絕不放棄的人身上

如果問我從什麼時候開始治療生病的樹木，回答起來有點困難。如果有救治樹木的科系，即使是再晚，我也會進大學學習，但是我第一次下定決心要照顧生病樹木的當時，一般人對樹木醫師這個職業都很生疏。也就是既沒有要找樹木醫師的人，也沒有人知道樹木醫師的存在。經過深思熟慮，我應用在農場工作的經驗，自學並創辦了名爲「綠色空間」的樹木醫院。但只有招牌看起來還不錯，實際情況卻非常艱難。如果治療樹木，就會產生費用，但樹木哪有錢呢？因此，我只能靠管理庭院樹木維持生計。

有一天，某企業打電話來，說是公司總部大樓裡栽種的三十多棵松樹病懨懨的，好像快死了。我問他是怎麼聯絡我的，他回答翻了電話簿，發現行業篇裡雖有許多家「園藝施工企業」，但「園藝管理企業」只有綠色空間一家。他還稱這些松樹曾經獲得首爾市頒發園藝獎，但現在正在枯萎中，沒有任何一個人願意挺身而出加以治療。他自己對於患病樹木的知識也沒有多少，如果施救錯誤，導致病情進一步加重，他如何能承擔責任？

從那以後，我幾乎如同每天去該企業工作一樣，花了整整兩年照顧松樹，幸好松樹恢復了以前翠綠的樣子。從那時起，我這個樹木醫師的名字也開始為人所知。我救活了任誰看了都覺得會死去的樹木，這似乎成了人們討論的話題。以那件事為契機，我獲得管理那個企業首爾和京畿道地區所有樹木的機會。

但是故事並沒有就此結束。就在我每天往返於首爾和京畿道大樓之間照顧樹木，大約過了兩年左右的時候，我接到第一次委託我工作的園藝負責人的聯絡，並聽到意外的消息。他說突然接到總公司監察部門的聯絡，內容是首爾有數百家園藝企業，為什麼所有的樹木管理都由一個企業負責呢？更何況，只有一名職員的小型企業單獨管理那麼多樹木，從常識上來說很難讓人接受，於是通報全面進行監察。

我雖然聽了前後情況，但是無法立刻理解。我又沒有主動要求，只是應邀照顧其他樹而已。要是存心賺錢的話，我早就拒絕了，因為照顧一個建築物樹木的代價是一個月只有二十至三十萬韓元左右。我認爲無論錢多錢少，只要能維持生計即可，而只要我稍微勤奮一點，被囚禁在水泥牆之間的樹木至少能順暢呼吸，所以接受了這個委託。在意外接到必須接受監察消息的第二天，監察組就聯絡到我。他們說要親眼看到整個工作過程，並且要確認文件上的記錄和實際業務量是否一致。

「那麼就直接看我是怎麼工作的吧！我凌晨四點出門，到時候在我家見面，一起出發吧！」

如此開始的監察整整進行了三天。第一天，監察負責人帶著懷疑的表情問我：「眞的是從凌晨開始工作嗎？」

「如果上班時間才開始工作的話，因爲交通堵塞的緣故，無法去照顧所有樹木。京畿道一帶的樹木如果想去察看的話，上午至少要去三、四個地方。」

我的原則是每週必須用自己的眼睛親自確認一次樹木，如果要遵守這個原則，不得不從凌晨開始上路。即便如此，也得過了晚飯時間才能回到家。妻子因此很辛苦，因爲我倆一起工作的時候非常多。

在此後的三天裡，我不在意監察負責人的銳利視線，專心照看樹木。一想到監察結束

楝樹的冬芽裡孕育著嫩葉。
如果能忍受嚴酷的寒冷，就好像不曾經歷過冬天一般，
綠葉將會伸展懶腰。

後，很有可能無法再照顧樹木，心裡難免不是滋味，但仍只是專注地做我的事。挑土、澆水、剪掉突出的樹枝、給衰弱的樹木施肥、清掃某人隨意丟棄的垃圾……。就像往常一樣觀察樹木，詢問警衛這段期間有沒有發生對樹木有危害的事情。

但到了最後一天，原本緊貼在我身邊，監視我一切舉動、問東問西的監察負責人不知爲什麼，什麼話都不說，只是在遠處看著我做的事情，然後和大樓保安或環境清潔員聊天。他從凌晨到深夜無言地看著我，最後看到我給樹木澆水、然後拍拍手上的泥土，他用眼神和我打過招呼之後就回去了。

幾天後，通知我接受監察的人約我見面，我心想該來的終於來了，於是就去了約定的場所，沒想到監察負責人也一起來了。他和我視線交會的瞬間，突然從座位上起身，然後向我低頭行禮。

「謝謝您，多虧您的努力，我們現在才知道樹木沒死，還長得好好的。託您的福，我們公司的形象也變好了。」

看著因爲不清楚狀況而不知所措的我，他繼續說下去。從各建築物的警衛到環境清潔工人，他對周圍員工進行了訪談，結果顯示，從他們那裡得到的回答全都一樣。自從我負責管理之後，樹木變得更健康，他們也跟著更加努力地整理周遭環境。甚至因爲我做了一些他們沒要我做的事，有人懷疑我是不是頭腦有問題。

每當回首過去聽到「感謝您救治了樹木」這句話時，我都會想起「基本態度」這個單字。讓樹木健康生長是一名樹木醫師應該做的基本工作，但是沒有人知道爲了做好這個工作需要投入多少時間，花費多少精力。有時漫不經心地照顧樹木，樹木也能健康，有時努力工作，樹木卻也會生病。

但是我認爲既然負責了這個工作，就要盡最大的努力。我一直以來之所以每天都能在漆黑的凌晨出門，在黑暗的夜晚回家，就是因爲這個原因。即使我的身體有些疲勞，但我心想只要經常待在樹的旁邊，多觀察一下樹木是否安好，也許樹木的狀態就會好轉。幸好樹木長得很好，當然，在此期間，如果樹木病死了，那我也可能會立刻失業。因爲我知道，無論我多麼努力，結果也不可能每次都很完美。

所以那個時候我是幸運的，幸運的是樹木長得很好。如果運氣不好，不管我怎麼努力，樹木都會枯萎。沒有發生嚴重的自然災害也屬萬幸，但儘管如此，我現在能做的也只是盡自己最大的努力而已。所以即使重新回到那個年代，我可能也會像以前一樣，在漆黑的凌晨出門，在黑暗的夜晚回家。因爲我認爲，自己作爲一名樹木醫師不是因爲具備什麼高超的才能，但即便如此，對於樹木的悉心照料，絕對不應該落於人後。

那樣的日常從那以後也持續著。不知道其他人是怎麼得知的，別的公司也向我提出各種提議，但都被我拒絕了。因爲光是那件事就讓我忙壞了，根本無法負責其他工作。而且現在我好像懂了，除了愚蠢的信心和努力之外，沒有任何東西能對我們的人生負責。我和那位當時委託我把樹木治好的職員繼續保持聯絡，即使是現在也偶爾見面喝酒。

生活中總會意外地迎來機會。三十年前意外接受監察的事情，對我來說是危機的同時，也是將自己公諸於世的機會。但是機會並不是某一天突然送來的禮物，而是全力以赴的日子慢慢積累的結果。有人曾經這麼說過：好事會降臨到有信心的人身上，更好的事情會降臨到有耐心的人身上，而最好的事情則會降臨到永不放棄的人身上。這就是我現在還不放棄醫治病痛樹木的理由，也是我盡全力過好今天的理由。我所能做的只有用堅定的信念去堅持不懈的努力。

22

我超過六十歲
再次準備考試的理由

從二〇一八年十月開始，我每天凌晨四點起床讀書。從天亮前開始學習的理由是爲了準備首次實施的「樹木醫師資格考試」。拿著厚厚的專業書籍研讀三、四個小時之後，準備好早飯的妻子叫我去吃早飯。妻子對在飯桌前仍專心看書的我問道：

「在這個年紀學習，這些知識還能進入腦海裡嗎？」

其實妻子的話是正確的。在一耳進、一耳出的這個年紀，竟然還能學習。更何況最近治療樹木的工作全部由年輕後輩負責，我主要負責技術諮詢。在治療自然保護樹種時，我會直接出面，而所需的文化遺產修理技術人員資格證我早就拿到了。因此，現在其實沒有必要重新取得管理生活環境樹木的樹木醫師資格證。

儘管如此，我想減少睡眠時間，參加樹木醫師考試的原因，是因爲想盡情享受沉浸在學習時能感受到的歡愉。其實我上學的時候沒有好好學習的記憶，初中時被判定爲色弱後，親手扔掉書櫃裡天文書籍的記憶至今仍十分鮮明。

重新拿起書本是從在養花的農場當學徒時開始的。我跟在農場主人身邊，偷偷領悟到花和樹木的習性，一個接著一個的學習過程非常有趣，最後甚至還將那厚重的園藝大百科全書背下來。我並不是刻意去背誦，而是出於想瞭解的樂趣，反覆閱讀後自然而然地刻在腦海裡。如果發現無法理解的部分，爲了尋找與其相關的書籍，我常進出二手書店。而爲了尋找草和樹木的正確語源，漢字、英語和日語也經由自學的方式加以閱讀。

得知學習的樂趣後，雖然年紀已經不小，但也開始有了是不是要讀大學的想法。但一般的專業書籍我都已經全部找到並閱讀過，僅僅經由書籍學習無法滿足我。從那時起，我穿梭於山野之間，開始尋找學習的內容。付諸關心、仔細觀察的話，即便是一棵樹，也會讓我充滿好奇。上山的時候帶著照相機也是從那時開始的。觀察樹木的時候，如果有好奇的部分，我會先拍照片，以後看著照片，我也會反覆進行研究，一直到問題解決爲止。

在翻山越嶺尋找樹木的當時，根本不知道那是學習。也許只是爲了滿足好奇心而摸摸各種東西，就像一個孩子一樣。在登山過程中，由於認識樹木的喜悅，甚至都沒察覺太陽已經下山，回家後也經常熬夜翻閱各種書籍。如果按照米哈伊·契克森特米哈伊教授的表現，我當時是經歷了「flow」。

「所謂flow是指人們完全沉浸於現在所做事情的狀態，對其他任何事情都不感興趣。因爲現在的經驗本身就非常愉快，爲此，會忍耐各種痛苦，進行該行爲的狀態。」

過了好長一段時間後，我才明白那才是眞正的學習。某一天，當我聽說要正式引進樹木治療領域的資格證考試後，當天我就進入寺廟開始準備考試。雖然樹木病理學、害蟲學、農藥學、生理學等書籍的字體太小，閱讀起來很困難，但我仍不舍晝夜地準備考試，並沒有想像中那麼辛苦。不，即使是徹夜未眠，我也感到學習不倦的快樂。雖然爲了學習困難的學術用語而吃了不少苦頭，但最終這些內容與我之前在山野中獲得的知識相吻合，與在現場治療樹木的過程中掌握的技術沒有不同。

結果，繼森林技師、樹木保護技術人員之後，我又通過了最困難的文化遺產修理技術人員考試。最初是基於想了解樹木才開始學習，但在不知不覺間，已經變成一種習慣。

曾經對學習失去興趣的我，很幸運地在還不算太晚的年紀領悟到學習的樂趣。此後，我不斷積累知識，將原本侷限於樹木的學習領域擴展到整個生態環境。在這個過程中，見到的人自然也爲之增加，以此爲契機，又獲得了全新的學習機會。只是想學習而開始的學習讓我成長，給生命注入了活力。

所以我一有機會就跟人說，如果有什麼想知道的、想學的東西，就好好集中在這件事情上，不是勉強學習，而是發自內心地學習。米哈伊．奇克森特米哈伊在《投入FLOW》中如此說道：

「學習的目的不再是獲得學分、拿到畢業證書、找一份好工作。與其相較，提高對周圍事物的理解、了解自身經驗的意義，並提高其品質才是目的。」

特別是在求學時只是學習那些別人賦予的知識，畢業後乾脆放棄學習的人。如果無法體驗到自己想要學習的東西是多麼有趣的話，就無異於失去人生中能夠得到的一大樂趣。

在十一個月左右的時間裡，我堅持每天凌晨起床努力學習，其結果是順利通過了第一屆「樹木醫師」考試。其意義可能就是要我爲了那些生病的樹木更加努力吧？經由準備考試，我重新認識到這一領域，也取得了令人刮目相看的發展。偶然發現新領域時，我會好奇地查找相關資料，或向友好的同事和後輩尋求諮詢。即使到了漸漸變得無精打采的老年，每天也都能過上年輕而充滿活力的生活，唯一的方法也許就是學習。因此，我到死都不會放棄學習。既有趣又有益，哪有不去學習的理由？

23

做一張
世上獨一無二的名片

爸爸送給我一個地球儀，

「不管怎麼挑，只有歪斜的」，

我喜歡爸爸無聊的玩笑。

「地球本來就是歪的，所以你才會這麼不聽話。

而因爲身體歪，爲了保持平衡，所以你才會摔倒、

滑倒。」

「所以爸爸你每天喝酒嗎？」

「歪歪斜斜的，只有用單腿抽，香煙才夠味。」

「別廢話，小傢伙！」我喜歡和爸爸說歪話。

香瓜田裡的香瓜，杏樹上的杏，

一開始結的果實也有點歪。

父親從這裡開始說教。

「燒酒瓶和酒杯也歪歪斜斜地相見

刮鐵鍋鍋巴的銅勺也會像半月一樣，被磨得歪歪扭

扭的。
所以說啊，你不聽話也是好果子的證據。」
說教有時候也能很快讓人領悟。
要和這片土地比肩齊步就得歪斜著。

這是詩人李正錄的詩作《關於歪斜》。我無意中看到這個題目，在看到的那一瞬間不由發出會心一笑，因為也許我正像歪斜的代名詞一樣活著。但是這個世界基本上不喜歡歪斜，甚至還教導我們不能走歪路。但人生真的不能歪斜嗎？

去講課的時候，會看到從小學生到白髮老人，為了學習樹木的相關知識而聚集在一起，看到他們我才發現人們太在意別人的視線了。在講課的過程中，只要我提出問題，他們只會互相看眼色，沒有人願意站出來回答。「這樣回答的話，人們會不會覺得我很奇怪？」，「什麼都不做，至少也能拿到中間的成績吧？」，這些想法都呈現在表情上。其實鼓起勇氣回答，就算不是正確答案，也可以安慰自己「沒什麼關係」，但往往人們會像啞巴一樣閉嘴不回答。而以我的經驗來看，別人如何看待我，對生活來說並不重要，這只會妨礙我們的幸福生活。

我總是選擇與世界或他人相去甚遠的標準生活。有人問我怎麼能那樣呢？如果非要回答的話，那就太單純了。我只是覺得自己爲了幸福所選擇的東西與別人不同而已。當然，在做出選擇時，無論別人是否覺得我很歪斜，我都不會介意。

我開始照顧生病的樹木是在八〇年代中期，正是剛進入園藝事業以大樓和公寓爲中心的蓬勃發展時期。當時僅憑一塊園藝造景招牌就能在幾天內賺進幾千萬韓幣。我常常聽說在農場工作時認識的熟人賺了大錢的消息，但是不管別人怎麼說，我只專注於管理和治療樹木的工作。

當時幾乎沒有人從事不是「園藝」的「園藝管理」工作，理由很簡單，因爲那不是能賺錢的事情。比起一個月負責數十棵大樓樹木的造景業務來說，園藝管理賺的錢太少，必須付出的心力卻多出好幾倍。因爲睡眠不足，經常流鼻血，而在車裡用壽司充飢也是常有的事。人們說我像傻瓜，跟別人一樣做園藝造景事業就行了，爲什麼要自願做那些困難的事情？那時我確是如此。

「如果只在水泥地上種幾棵樹，我會覺得無法雙腿伸直睡得安穩。雖然有些吃力，但能把樹木照顧得很健康，會讓我感到更欣慰。」

隨著歲月的流逝，普通大樓的樹木都種好了，園藝企業再也沒什麼事可做。但是因爲種下的樹木出了問題，所以開始到處有人要求救活樹木。亦即我之前一直從事的園藝管理工作變得非常必要。過去賺了大錢的園藝公司開始投入到我做的事情中，受此影響，委託我的人也增加了不少。但是蜂擁而來的業務總是伴隨著競爭和爭吵。不知從何時起，我開始對工作充滿懷疑。

話雖如此，但也不是離開樹木身邊。我決定把照顧大樓內園藝樹木的工作交給其他人，而自己只致力於拯救全國各地古老的樹木。幾年來，在照顧都市樹木的過程中，我越來越清楚自己要做什麼才會更加幸福，因此，我利用過去累積的經驗，正式投入到樹木的治療當中。我現在所屬的樹木醫院就是那時候設立的。當然，以前也一直從事樹木醫師的工作，但從那時開始，無論樹木位於全國哪個地方，只要聽到有關重病保育樹木的消息，我就會建立能夠迅速施以治療的體系前往治療，可以說是從個人醫院蛻變爲綜合醫院。但即便如此，我也不曾踏上不符合自身特點的醫院經營第一線。我對做好醫院經營沒有信心，於是把這個部分交給後輩，我只是盡全力於救治樹木的工作。雖然我擁有樹木醫院「綠色空間」醫院院長的頭銜，但我依然選擇去大自然，而不是進令我煩悶的辦公室工作。

這些年照顧生病的樹木，不知不覺間，頭上也都長滿白髮。這期間，隨著對森林生態和都市環境的關注增加，照顧保育樹木的人也大幅增加。所以除了眞的很難救治的樹木以外，一般的樹木我都交給年輕的朋友負責。

幾年前我重新製作了名片。名片上的職稱是「Forest Whisperer」，意思是「森林裡的呢喃者」。如果按我的方式定義的話，就是停留在樹木最像樹木的森林裡，與樹木等各種生命進行溝通的人。要想救活一棵樹，最終需要整個森林的健康。因此，以普通人爲對象進行生態教育，還另外邀請現場經驗不足的森林解說員接受高階的生態教育。有時還參與爲創造健康森林生態的各種研究。當然，我如果看到生病的樹木，就會回到原本的樹木醫師角色，集中精力加以治療。我的職稱雖然可能在詞典裡找不到，也沒有任何人知道的職業，但比起我所擁有的任何一個職稱，我更喜歡這個「森林裡的呢喃者」。

偶爾參加登山聚會，與年輕朋友們見面聊天時，大部分的人都會有類似的苦惱。只要能賺錢，無論是什麼工作都想去嘗試，但就是沒有屬於自己的位子。每次我都會這樣問他們：

「爲什麼一定要像別人一樣生活?」

年紀到了就去學校,畢業後就業,結婚生子,以購買自己的房子爲目標工作……。雖然這可能是理所當然的人生公式,但有時也需要對這個理所當然的公式產生疑問。並不是說一定要走與別人不同的道路,我的意思是說,至少要問問自己,自己想走的路是否出於自己的意志,至少不會因爲那件事而變得不幸。我也不是故意選擇與別人相反的道路,只是這個讓我覺得幸福的工作和別人的想法不同而已。

有時朋友會問我,你怎麼能想做什麼就做什麼?但是我們彼此都知道,朋友們不想放棄世人所認可的職業和人們認可的地位,想堅持到最後,所以不能像我一樣。不,也許不想像我這樣活著才是更正確的說法。還有一些誤會,我並不是想做什麼就做什麼,也不是所有的事情都肆無忌憚地自由進行。只是我爲了維持我的生活,正盡我最大的努力而已。我不斷地傾聽內心的聲音,努力加以跟隨,直到製作出世界上獨一無二的名片爲止。爲此,我放棄的也很多。爲什麼是世界上獨一無二的名片呢?因爲不是只要一開口就都能理解的職業,所以必須先拿出名片,仔細說明。從世間的標準來看,這張名片和權力、名譽、金錢完全無關。

但是，我爲我的名片感到驕傲。這不是誰讓我做，而是我喜歡的事情，所以成就感和幸福也隨之而來。當然，在擁有世界上獨一無二的名片之前，可能有些不方便，也有些孤獨，但是想到要開創屬於自己的道路，大部分的困難都可以微笑面對。我以「森林裡的呢喃者」爲名，與包括樹木在內的所有森林中的生命一起生活，希望像我一樣擁有世界上獨一無二名片的人越來越多。詩人李正錄不也曾經說過？「你不聽話也是好果子的證據。」

24

樹木醫師的睡眠歌頌論

生長在被稱爲針葉樹林（taiga）或北方樹林的北極森林裡的樹木都非常嗜睡，一年三百六十五天中，成長的日子不到一百天，剩下的時間只是在睡覺。即便如此，樹木的生長量也絲毫不輸給生活在溫暖地方的樹木，因爲在能夠接受陽光照射的期間，它們比任何樹木都努力進行光合作用，因此能茁壯成長。職是之故，在針葉樹林土地上生長的白樺、冷杉、落葉松、雲杉等樹木棵棵都長得高大強壯。

也許是因爲長期與樹木在一起，我的生活週期也和樹木相似。冬天如果沒有特別的事情，我在太陽出來時就起床，太陽下山就睡覺。到了夏天，就會在漆黑的凌晨起床吃早飯，在太陽升起之前到達現場。因爲不想在人多的上班時間被堵在路上，而且如果想觀察樹木有沒有生病，還是凌晨比較好。像櫸樹一樣在夏天也能長出新芽的闊葉樹，如果是健康的樹木，在太陽剛升起的清晨就會長出新芽，相反地，生病的樹在清晨的微光下也會失去力氣，經常發生傾斜現象。也就是說，從早晨樹木的狀態觀察，馬上就能知道它們有沒有問題。

我這樣迎接黎明的天空、診斷樹木已經有三十年了。人們在知道我從一大清早開始就離開家的生活後，都會不住搖頭。

「樹木醫師是一個比想像中更辛苦的職業，如果不像您這麼勤奮，即使想從事也沒辦法。」

他們說寧可加夜班，也不能在減少凌晨睡眠時間的情況下去照顧樹木。但其實他們不知道我從凌晨開始的診斷和治療大部分會在中午之前結束，然後我馬上回家簡單地吃點飯之後，然後早早地鋪上被褥補眠，這是爲了每天至少得熟睡八個小時以上才會如此。如果因授課或有約導致一天的睡眠分配量不足的話，第二天我就會把手機丟得遠遠地補眠。妻子常會諷刺我說「從來沒看過像你這樣的嗜睡蟲」，但是對我而言，睡覺的時間和照顧樹木的時間一樣重要，所以一點都不覺得可惜。

人們說，要想成功就要變得狠毒一點，首先要從減少睡眠開始。也就是說，不管是什麼事情，首先必須割捨睡眠時間才能成功。因此，睡得太多的會被認爲是懶惰、遠離成功的人。但如果無法休息、繼續奔跑，神經就會變得敏感，只會增加不需要的擔憂。最重要的是身體搞壞，工作效率也爲之下降。所以我覺得只有好好休息才能做好工作，我只是選擇睡眠作爲好好休息的方法之一而已。

睡覺的時候，即使身體休息，頭腦也在做很多事情。首先，睡覺之後，原本雜亂無章的思緒就好像經過整理的抽屜一樣，整整齊齊地擺放著。非常急迫的事情在睡一覺之後，會變成好像也不是那麼困難的事；而忘得一乾二淨的重要事情也會突然浮現出來。我曾經有過這樣的經驗：接受委託的稿子已經拖了好幾天，但心想「不管了，先睡一覺再說」，睡了一覺醒來之後，在一個小時之後稿子竟然就順利完成。因此，在思想過於複雜、情緒激動時，我有時會故意去睡個覺。

我無法理解爲何要減少睡眠，也想不清即便無法休息、減少睡眠也必須完成的重要事情究竟是什麼？我認爲人們太努力活著也是問題。和整個冬天都在睡覺，有時甚至提早掉下落葉、進入熟睡階段的樹木相比，忙碌生活的人是不是太可憐了？因此，我不顧妻子的諷刺，最大限度地享受什麼都不做的權利。

夏天的綠樹雖然很漂亮，
但在深冬裡沉睡的樹木也是美麗的。

哲學家兼作家伏爾泰說：「神在現世，給我們以希望和睡眠作爲各種憂慮的補償。」自文明發達以來，睡眠仍然是科學中未能獲致解決的巨大神祕之一。據說，相當於人生三分之一的時間都是在睡眠中度過，但其理由至今仍未爲人所知。

但是我認爲，因爲我每天有八個小時以上都睡得很好，所以到目前爲止，我沒有什麼太大的憂慮，對每件事都以正面思考，即使從來沒有吃過一帖補藥，也一直穿梭於全國各地，毫不疲憊。

說完不值一提的「睡眠歌頌論」後，又開始湧現令人心情愉悅的睡意。如果列舉要做的事情，恐怕連十個手指都嫌不夠，但是先睡個好覺、恢復活力後再去做，現在先得到神所賜予的補償。

25

從年輪學習生命的記錄

隨著一九八八年首爾奧運會的舉辦，建築熱潮也給園藝產業帶來活力，拜此之賜，市中心街道上到處都種滿了樹木。但是人們只知道種樹，不知道怎麼照顧。離開原來生長的地方，被強行移種到都市的樹木生病了。爲了照顧那些生病的樹，我走遍了全國各地。

有一天，和我關係很好的後輩來找我。他對於樹木有什麼好奇的，就會毫不猶豫地跑來問我，我心想他這次不知又想問什麼，可是他突然說：

「大哥，聽說制定了樹木保護技術者的資格證制度，你知道嗎？」

資格證，這是什麼意思？我突然感到一陣暈眩。這就等於不管我救活的樹木有多少，最終我還是在沒有證照的情況下進行醫療了。我創立樹木管理公司的當時，並沒有必須具備的資格證，加上我救活的樹木不計其數，實在沒有理由感到心虛。但是，以後如果不想被人說成是蒙古大夫，就只能取得資格證。幸虧實施證照考試還沒有多久。

但是，在申請考試的那一剎那，我碰到了意想不到的問題。合格與否是以後的問題，原因是我當時並不具備參加考試的資格條件。應試者首先應具備相關領域的學士以上學歷，我只有初中畢業，怎麼可能有大學畢業證書呢？

我感覺渾身無力。以十多歲時學到的園藝技術爲開端，我一直自豪地認爲過去這段期間努力積累的知識不亞於任何人，但面對連考試都參加不了的窘況，眞是讓人心酸。但是我不能就此放棄，因爲我之前和樹木在一起的時間是不可否認的事實。

這時我突然想起一件事，就是治療樹木後得到報酬的稅金記錄。我下定決心要當樹木醫師後，首先註冊了商號，並去國稅局申請了營業執照。而且對於治療樹木所獲得的收入，我連一次都沒有漏繳過稅金。有人問家境不是太好，卻還按時申報收入的我說：

「別人都想盡辦法少交稅金，你爲什麼非要主動繳納呢？就算這樣，也沒有人會肯定你的做法……。」

但是我覺得無論金額再怎麼少，收入、支出都應該透明。治療樹木後得到的報酬被我整

年輪上記錄著樹木的成長。
如果人也有像樹木一樣記錄過去的系統，
生命和歷史都會產生很大的變化。

理得密密麻麻，這些記錄就如同我對樹木的心意和努力的日記一般。也許我想經由記錄和那些受苦的樹木在一起的時光來留下我的痕跡也未可知。我與樹木共同度過的每個瞬間都記錄下「我」，那些記錄無言地守護著我成長的過程，這也成爲我更加努力照顧樹木的原動力。

這也許是上天的啓示，因爲還有很多生病的樹木，祂要我更加努力照顧它們。在應試者中，雖然學歷未達標準的人很少，但像我一樣積累了長時間現場工作經驗的人也幾乎沒有。向國稅局申請的納稅證明不僅證實我在現場的工作經歷，還代替了學歷條件。順利完成報名的我得以參加考試，當年繼山林技師之後，我又考取了保育樹木技術人員和治療自然紀念物的文化遺產技術人員的證照，具備了所有照顧樹木所需的資格證。

大部分的樹木都有年輪，這是理所當然的。雖然現在已經死亡，但首爾通義洞曾經存在過被指定爲自然紀念物的白松。這棵高達十六公尺，樹齡約六百年的白松有一天在強風伴隨的暴雨中傾倒。但是在調查這棵白松的死亡過程時，發現了一個驚人的事實。日本帝國主義強佔時期的一九一九年到一九四五年的時間裡，年輪的間隔幾乎沒有變動，非常狹窄、暗黑。也就是說，樹木也像人們一樣受到壓力。

雖然這個故事像傳說一樣膾炙人口，但實際上樹木在成長過程中活著的痕跡，就像自傳一樣原封不動地留在年輪上。年輪間隔寬、顏色淺，意味著當時環境豐富。相反地，如果年輪間隔窄、顏色深，則意味著在惡劣的環境中經歷考驗。另外，細胞分裂頻繁進行的春天，在年輪上會留下明亮的痕跡，但春天以後生長緩慢，因此會留下黑暗的痕跡。如果氣候條件或營養狀態不好，年輪的間隔就會變窄，這也證明了它們為了生存而進行過激烈的鬥爭。

從這個意義上看，年輪可以說是樹木過去生命的成長日記。我曾經想像過，如果能把倒下的樹木底端薄薄切開，像唱片一樣聽到聲音就好了。那遠古的風聲和鳥聲，人類挑起的戰爭之聲，在樹木前方某人懇切的祈禱聲⋯⋯。如果每個瞬間都能被記錄在年輪裡，聽到周圍發生的所有聲音，那不也是一段珍貴的歷史嗎？也許是因為這些想像，我在面對蒼老古樹的年輪時，總是會肅然起敬。它們將過去的一切經驗完整地保存下來，一步步向前邁進的毅然讓我欽佩。

正如樹木將過去完整地銘刻，青綠地生長直到死亡，如果人們也能將活在世上的親身經驗留存為美好的痕跡，那該有多好。無論是什麼經驗，它們都積累起來，造就了今日的我。如此想來，沒有哪一天是毫無意義的。這也是每邁出一步，每說一句話都會變得慎重的原因。

我們每一個人都說要忘記昨天的事，儘快準備明天。有人也會說，世界變化如此之快，還要抓住這些毫無用處的歷史到何時？很多人不顧自己過去的歷史，只活在今天。但無論是何種面貌，過去的歲月會在我們的身體、心靈、現在這一瞬間以及即將到來的明天留下深刻影響。在結束疲勞的一天，睡覺之前不妨思考一下，今天一天我的生命如何，我究竟在所謂人生的年輪中留下了怎樣的記錄？

26

孩子們應該在樹林裡成長的原因

二十多年前，我曾經去指導現場實習，那是森林解說員的培訓課程之一。雖然最近年輕人也經常參加，但當時大部分的學員都是在孩子就學後，比較有時間的主婦和即將退休的中年男性。令人驚奇的是，人群中出現了一個稚氣未脫的青年。

到底是因爲什麼契機，讓他在這麼小的年紀就對自然產生興趣呢？上課期間，我也不自覺地向他投注我的目光。但是有點奇怪，每當我的視線轉向他時，他的眼神就會動搖，後來更是轉頭迴避我的眼神。我這時才察覺到，這個才剛脫去少年氣息的年輕人罹患疾病。但是有什麼關係呢？森林對於每一個尋找自己的人都公平對待。

「那個，年輕的預備森林解說員，你覺得樹木和人的差異是什麼呢？」

我就像對待普通學員一樣，向他提出問題。他一直躲避我的眼神，後來看了我一眼，他雖然有些口齒不清，但回答得很正確。

「樹木不會吵架。」

令人驚訝的是，他的回答是當天課程的核心。樹木正是不會給別人帶來損失或搶奪別人的東西，懂得自己創造所需東西的和平技術者。

這就是我與預備森林解說員——東赫的首次見面。在上課期間，東赫雖然有些慢，但總會認真回答我的問題，並留心觀察樹木或直接觸摸樹皮，盡最大努力集中精神。

在稍後的休息時間，我與遠遠地看著課程進行的東赫母親聊了起來。第一次發現聽話且善良的東赫有著異常症狀是在他上中學的時候。上課時，他突然站起來走動，喃喃自語，甚至妨礙到其他孩子。母親抱著懷疑的心態，帶他去醫院接受診斷，最終判定他罹患廣泛性發展障礙——亞斯伯格症候群。聽到他很難適應正常的學校生活，母親陷入絕望。此後幾年裡，雖然千方百計地努力，但孩子的症狀並沒有好轉，最後找到的地方就是森林。二十歲，如果和其他孩子一樣，東赫已經到了高中畢業，要尋找出路的年齡，但他能做的只有登山。因為母親對孩子最後的期待是，到森林裡直接體驗自然，看看孩子會不會有一些好轉。

也許是上天感受到母親的懇切之情，即便是我都覺得孩子幾個月來在樹林裡的變化是很驚人的。關於森林的專門性、困難的生態現象，東赫不僅能進行詳細的說明，他連面對一株草、一根樹枝都很珍視的樣子也比一般的大人強很多。我問他是在哪裡學到這些知識，他害羞地回答：「因爲沒有人可以請教，所以直接找了相關書籍研讀。」

從新綠的五月開始直到楓葉凋零的晚秋，東赫在樹林裡度過許多時光，身心也成長了不少。由於運動神經沒有同年齡的人發達，他所有動作都很慢，但不知何時已經結實到可以一口氣爬到樹上的程度，和其他人一起登山時，甚至能握住別人的手，打開了心靈的枷鎖。

有一天，從東赫母親那裡聽到意想不到的事情。她說像往常一樣，她們母子倆和人們一起登山時，這個原本跟著好好的孩子突然不見了。她趕忙去尋找，卻發現孩子離開了同行的人，愣愣地站在某棵樹前。東赫母親收拾起驚慌的心情，靠近東赫身邊，輕輕地抓住他的手，只聽見東赫小聲說道：

「樹木生病了。」

樹木可能受到病蟲害的影響，滿身瘡痍的軀幹上連樹枝都折斷了。接著東赫放開媽媽的手，抱著樹木喃喃自語。

「你也像我一樣生病了吧？沒關係，會好起來的……。」

母親轉訴故事的聲音裡隱含著淚水。孩子在醫院或學校都緊緊閉鎖的心在一棵樹木面前豁然開啓。東赫在森林中鍛鍊身體、、心靈和肌肉，開始擁有新的夢想——成爲優秀的植物學家，與全世界的草和樹木見面。

東赫朝向世界邁出第一步的變化，也給度過漫長流淚歲月的母親帶來變化。不管是什麼，母親總是重複「不要」、「不可以」等話語，從那時開始，她再也不說任何消極的話語。因爲她親眼看到東赫觀察、觸摸並感受到的一系列過程，這比任何事物都要能幫助他成長。聽到東赫母親說「因爲沒能更快拜訪樹林而感到後悔」這句話時，我如此回答：

「東赫還有很多時間，以後如果繼續停留在樹林裡，會比現在成長更多，您就懷著幸福的心情關注他吧！」

我說的話不是單純的安慰。在環境領域堪稱經典的《寂靜的春天》作者瑞秋・卡森（Rachel Carson）說過：「無論是對於孩子，還是對於應該引導孩子的大人來說，瞭解自然不如感受自然一半重要，請幫助你的孩子在大自然中感受到驚奇。」

遺憾的是，現在撫養孩子的年輕父母大部分都沒有在樹林裡玩耍的經驗，可以說他們是這塊土地上從未近距離體驗自然而成長的第一代。對他們來說，森林既是未知的空間，也是恐懼的對象。因此，他們教育孩子們說，樹林中隱藏著危險，所以一定要小心。偶爾去山野旅行時，也會以「別摸」、「髒」、「別亂跑」等話語制止孩子，切斷孩子們盡情感受自然的機會。父母們知道這會給孩子的未來帶來多大的損失嗎？

幸運的是，最近出現將幼兒森林遊戲作爲義務教育的走向。每月把孩子們帶到樹林裡一次，讓他們親眼見到大大小小的生命，自然地領悟生態界的潮流。不知是不是因爲這種潮流影響，我偶爾會接到以父母爲對象進行生態教育特別講座的邀請，每當此時，我都會對父母們說這樣的話：

「讓孩子在樹林裡玩耍吧！那就是鍛煉肌肉的最好機會。」

樹林三百六十五天都不同。草、樹、岩石和泥土，以及停留在裡面的所有生命，每天都會隨著大氣循環而變化。有趣的是，孩子們很快就會察覺到這種細微的變化。與公寓遊樂區的滑梯和鞦韆不同，孩子們每天在形形色色的天然遊樂設施林中玩耍，學習自然法則和生命循環的原理，不僅體內的細小肌肉會自動生長，還會產生珍惜小生命的關懷。就像走遍樹林，身心都大幅度成長的東赫一樣。

即使只讓孩子觀看、觸摸、感受，森林也能給孩子提供很多東西，只是那些沒有經驗、無法相信的父母迴避了這一事實。如果不想讓孩子在缺乏自然的狀態下長大，父母首先應該站出來。所有孩子都夢想著在樹林裡玩耍，和各種生命一起喃喃對話的美好日子。我信服這種從太古開始就延續下來的大自然驚人的力量。

27

工作的意義

「喂，是禹鐘榮先生家吧？我是修女奶奶。禹先生在的話能讓他接電話嗎？我又發現了生病的樹。」

因爲去治療生病的樹木，和一位修女結緣。她年紀大了，記憶力不如從前，所以一旦發現樹木生病，就會立刻打電話給我。雖然她知道在這麼晚的時間打電話有些失禮，但還是堅持打電話的原因是如果拖到明天，也許她就會忘記那棵樹木生病的事實。我因爲比任何人都瞭解修女的心思，所以只要一接到電話，我就會放下一切事情，過去她那裡。

修女對待別人沒有高低之分，其差別不僅只限於人。她認爲無論是人或樹木，誕生之後成長，百年之後就會回歸土裡，並無不同，所以就像對待親人一樣對待樹木。對修女而言，這片土地上生存的所有生命本身都應該受到尊榮的待遇。

有一天，從鄉村某寺廟回來的修女打電話給我，她說寺廟前的一棵松樹很奇怪。我急忙過去一看，發現用於園藝的石頭壓在松樹的根部，導致根部不能呼吸，樹木自然會出問題。修女說自己雖然不太清楚，但樹木看起來好像生了很嚴重的病，這句話完全正確。看著比樹木醫師更快掌握樹木狀態的修女，我總覺得她非常了不起。

但還有更驚人的事實。我後來才知道修女從出生開始就因爲過敏，不能觸摸樹木和草類。她比別人更容易出現草毒症狀，偶爾被樹木或雜草附近的昆蟲叮了一下，皮膚就會腫得非常厲害，必須立刻去醫院接受治療。原本因爲修女在處理樹木時非常得心應手，所以我完全不知情，直到看到手臂上四處出現的斑點才察覺到她的症狀。

但即便修女碰觸到葉子的手臂又癢又痛，但她仍整天塗抹著藥物照顧樹木。她說人如果餓肚子、無法休息，久而久之就會生病，對於不能活動的樹木絕不能置之不理。她曾對我說：

「禹先生，我太喜歡樹了。」

所以修女爲了想和喜歡的樹木變得更親近，哪怕路途遙遠，她也會先行準備常備藥，因爲只有這樣，她才能安心對待樹木和草類。

說實話，有時因爲工作太忙或感到疲憊，對於生病的樹木，我也曾經裝作不知道。每當此時，我都會想起喜歡、愛惜樹木的修女，因而感到慚愧。我號稱是樹木醫師，工作了三十多年，因爲修女的緣故，我也才能回顧自己到底是以什麼樣的心態對待樹木。

妻子曾對我說，比起家人，我更喜歡樹木。這句話沒有錯。從建築物裡的園藝樹木到街頭的林蔭樹，再到幾百年的保護樹，我在照顧各有緣分的樹木過程中，不知不覺間已是滿頭白髮。我感到非常羞愧，在全神貫注地關心樹木之際，連女兒是怎麼長大的都不知道。作爲父親來說，我無疑是零分，實在是一個非常不足的父親。

即便如此，我以前認爲自己也在撫養孩子，但現在我知道了，孩子是自己長大的，反而是我託孩子的福有所成長。工作也是一樣，治療了三十多年樹木，我認爲是保護了樹木，但其實是樹木保護了我。我從樹木身上學到很多東西，也因此我的生活變得更加堅強和充實。

小時候，我以爲去工作就等同於長大成人。我身邊的大人們都在努力工作，對於二十多歲的我來說，工作就是錢。爲了不挨餓，我需要錢，要想賺錢，就得工作。但是當時工作一點也不愉快，所以我體會到維持生計不能成爲工作的最終理由。成爲一名樹木醫師後，隨著照顧生病樹木的時間積累，在某個瞬間我了解到工作不僅僅是賺錢，而且是給自己帶來無愧的自豪感，是實現自己想要生存的面貌、獲得成就感的過程。

在歲月風浪中回過神來，突然感覺自己被困在永遠無法解脫的羈絆中，不禁讓人懷疑「這麼努力生活有什麼意義？」擁有這樣的疑問是人生中感到某種渴望的證據。每個人重視的價值各不相同，但最重要的是不是自己感受到的「存在價值」？只要是人，都想確認自己是否有必要存在，這是每個人都具有的本性。

所以我認爲在人生中工作所具有的意義非常重要。如果無法通過自己所從事的工作發現存在的價值，那生命只能是飢餓。亦即工作不僅僅是賺錢的行爲，而且是獲得生命糧食的方法。

我剛開始從事治療樹木的工作時，最常聽到的話就是「這人像傻瓜一樣」。很多人諷刺說：「賺不到錢的事情爲什麼那麼努力？」但是當時我已經想好了，我所做的工作就說明了我是怎樣的一個人，我怎樣做那件事就代表我的人生。以這樣的心態生活，即使在別人眼中看起來像傻瓜，但我的內心卻始終很滿足。事情的價值其實不會因爲誰懂誰不懂而有所改變。無論做什麼工作，通過這個工作尋找存在的價值和意義完全取決於自己。

如此看來，我因爲樹木過著富足的生活。雖然飯碗沒裝滿，但內心充滿了確認自己存在價值的喜悅。但是我一想到修女，就會反思自己說要照顧生病的樹木，但是眞正爲樹木做的事情究竟是什麼；也會反省自己是否有因爲只顧著確認自己的滿足和存在價值而錯過的事情。今天我總是想起修女說「禹先生，我眞的很喜歡樹木」時的快樂、幸福的表情。

28

我買地不種糧食，卻種樹的理由

大概是三十多歲的時候吧，我真希望能有一個屬於自己的空間，可以踩到泥土，可以盡情看天空。在樹上掛上吊床，心想如果能躺在上面讀書該有多好。正好妻子也想翻土種田，在妻子的同意下，我立刻決定要購買土地。周圍的人們都說「住在山村上的單間房裡，連貧窮的處境都擺脫不了的情況下，還想要先買地？」但是我不介意。就這樣，經過幾個月的跋涉後，最終選擇了江原道華川的山腳。也許是受到江原道深山氣息的影響，夏天也籠罩著涼爽空氣，一年四季清澈的流水完全吸引了我。

也許是運氣好，正好有一塊便宜的土地要出售。聽仲介說，這塊地是村裡的富農世世代代種田的肥沃土地。因爲怕別人先搶走，我立刻就決定買了地。爲了還錢，雖然辛苦了一段時間，但是至今仍忘不了擁有自己

將白樺樹皮
像紙張一般薄薄地剝開，
人們可以利用來寫信。

土地時的喜悅。

但是問題就從此發生。幾經周折好不容易買到的那塊號稱良田沃土的土地正逐漸失去生命力。表面上看起來不錯，但實際上長期以來被化學肥料、除草劑、覆蓋在田壟上的塑膠堆壓得喘不過氣來。雖然種植包括玉米在內的幾種作物，但似乎需要用一把尿素肥料才能結出果粒。即使是使用堆肥，也只是充滿抗生素的家畜糞便，很明顯地，再過不久之後，這塊土地就會永遠不能使用。

我在那裡思考了好長一段時間。當初我買地的理由是因爲想踩著泥土近距離感受自然和生命，但是用化學肥料和抗生素在生病的土地上撒種收穫糧食，那些食材還能健康嗎？若不救活生病的土地，就不能獲得解決，那要怎樣才能救活土地呢？

經過深思熟慮，我決定延後妻子要種田的希望，代之以翻耕土地。我把地上的所有作物都拔除得乾乾淨淨，然後四處打聽，最後決定引進白樺樹苗。我決心在四週都是農田的那塊土地上種樹，雖然需要一些時間，但如果樹木一旦扎根，就會聚集可以恢復泥土的菌根，因此生病的土地必定會重新蛻變成健康空間，大大小小的生命在此可以呼吸。我想生病的土地來到我的身邊應該都是有理由的，過去我只去醫治生病的樹木，沒想到有一天會治療土地。

但是得知消息的村民們對於我這樣一個從外地來的人購置良田沃土，卻只是拿來種樹的做法非常不滿意。很多人都認爲這塊地種什麼都行，爲什麼要種植毫無產量的樹木？還有人來找我麻煩。每當此時，我就在心裡如此說道：

「土地也需要呼吸才能存活。現在這塊地非常疲困，請相信我，再觀察一段時間，一定很快就會有好事出現的。」

就這樣，我不顧村民們的怒視，開始種樹至今已過了三十多年。那些高度連我的膝蓋都達不到的小白樺樹苗每年大幅成長，已經長成二十公尺的青年樹木。我種植樹苗，爲了不讓幼樹纏繞，我把它們之間的距離拉開，按照成長時程適當移植，又剪掉突出的枝條，像撫養孩子一樣經過漫長的等待後，這些白樺樹開始成林，並孕育出不同的生命。它們每年凋零的落葉使土壤重新變得肥沃，周圍成爲各種生物聚居的富饒家園。曾經生病的土地因白樺樹重新復活，成爲生命之地。

不知過了幾年，意外的禮物到來。一群金黃色的黃鶯飛到人們觸摸不到的白樺樹高處築巢，變得極爲結實的白樺樹幹守護著鳥巢，任憑一般風雨都毫不動搖，黃鶯則不斷尋找藏在肥沃土地上的蟲子餵養幼鳥。

不僅如此，在尚未開花的三月，麋鹿小心翼翼地下山吃種植在農場邊緣的忘憂草，飢餓的野豬則吃土地裡的球根和蚯蚓。我從購買土地開始就沒有收穫的慾望，所以可以用寬裕的心情填飽牠們的肚子。

很多人聽我說購買農場時土地的情況，他們都無法相信。甚至有些人仍然不理解明明能種植可以賺錢的作物，爲什麼要種樹？但是我從不後悔種植樹木代替耕作糧食。

已故現代會長鄭周永生前曾說：「如果能重新誕生，我想成爲種樹的人。」雖然不知道是從經濟角度說的話，還是出於個人願望說的話，但從我出生到現在所做的事情當中，最有意義的事情就是種樹。看到和樹木一起降臨的所有生命，我獲得無比的成就感。如果連這段時間裡我所享有的幸福也考慮在內的話，那將是無比珍貴和感謝的歲月。

從幾年前開始，妻子和我在長得筆直的白樺樹中間種植茖蔥。因爲鬱陵島初期移民靠這種草活命，所以取名爲「命」（譯註：韓語發音）。如此看來，這似乎是適合因白樺樹而復活並重新擁有生命的草。我偶爾給來農場的客人準備茖蔥，邊對他們說，親眼目睹自己種下的樹木成長是一件非常幸福的事情，直到現在，我仍然覺得這一切都是神奇和令人驚奇的事情。現在如果把吊床掛在樹木中間，對於已經長大的白樺樹而言，已經不是一件難事。人們種樹，樹木育人。

29

我親手蓋一個小房子所領悟到的事情

童年時我的願望是在一個地方生活很久，我非常討厭一年要整理好幾次行李的疲憊。才剛認識一些村裡的朋友，就會在不知不覺間被母親拉到完全不熟悉的地方，即使年紀小，也會對母親輾轉到別人家幫傭一事感到悲傷。因此，我下定決心長大後首先要買下自己的房子。但即便是晚婚，並成爲了一個孩子的爸爸，我仍然沒能實現這個願望。別說是自己的房子，因手裡的錢太少，只能輾轉於每月租賃只有一個房間的屋子。

在過了三十歲的某個夏天，我盲目地申請原木屋學校的課程。顧名思義，這地方就是在教導用原木建築房子的技術。

「讓一家三口都能伸腿睡覺就好，哪裡需要那麼大的房子？不管什麼時候都好，要想擁有自己的房子，那就自己動手蓋吧。」

回想起來，直到上一個世代以前，人們都懂得如何建造自己的房子。在後院一角建造養牛的牛棚，或在田間蓋個棚子，這些不都是很容易做到的嗎？以互助換工的方式在屋頂上鋪上新稻草的情景在鄉下十分常見。就算工程擴大，也不需要叫喚村裡的木匠，只需要自己動手建構所需的空間。

抱著學習看看的心態，在原木屋學校學了三個月，雖然堆積原木、建造房子的過程很辛苦，但比預期的還要有趣。最重要的是，學習的過程中，在我的腦海裡想像自己住的房子時非常愉快。尤其是想起首爾的電梯大樓、老公寓、單獨住宅的時候，因爲沒錢，連買房子的念頭都從未產生過，但想法改變之後，覺得沒有大錢似乎也能蓋房子。

在學習蓋房子的方法不久之後，我眞的親手蓋了房子。我決心在江原道華川農場建設小木屋，雖然不是什麼舒適的住家，只是有一間房間的小木屋而已，但心裡還是非常激動。我首先從附近的山上搬來砍伐後沒有收走的零星木頭，反正是要被丟棄的木頭，很容易得到山主的許可。如果放置不管，就會變成泥土的木頭經過幾次鋸斷，變成了堅固的牆壁和柱子。在村裡老人的指點下，我直接從樹林裡挖來堅固連接木頭與木頭之間的泥土。我用雙腳將泥塊和乾草加以踩實，雖然有些吃力，但看著越來越像樣的房子，心裡感到很欣慰。

唯一讓我費勁的是如何找到一塊放在房間地板上的炕板。即使是在農村，由於燃油鍋爐已經普及，所以尋找可以當作炕板的寬大石塊並不如想像中容易。苦悶了好幾天之後，在那個村子生活了一輩子的老人家悄悄告訴我：

「你去那個山裡火田民的房子看看，在幾個地方轉轉，一定能找到好幾個炕板。」

也許是覺得外地人獨自蓋房子的樣子很可憐，老人親自駕駛耕耘機幫我找炕板。在老人家的帶領下，在幾處沒有主人的房子轉了一圈，真的發現幾塊能讓我家地板溫暖的炕板。

最後剩下的是屋頂，其他的可以不顧，但我對屋頂十分重視。用水泥做的瓦片加上柏油雖然不會花多少錢，但即使貴，我也想使用用天然的薄石做成的瓦片。如果鋪上像魚鱗一樣美麗的石瓦，我想即使下雨也會很漂亮，而下雪的話自然會很有韻致。經過多方打聽，終於找到了收集廢舊石頭出售的中古商，交錢之後，將石瓦鋪上屋頂。

就這樣，我總共花了五百萬韓元左右，親手完成了房子。即使房子很小，也不怎麼好看，但也具備了可以生火的爐竈、在原木牆壁上砌上石瓦，建造了世界上獨一無二，只屬於我的家。房子完工時的成就感簡直無法用語言來形容。誰能知道在人類最基本的問題——衣食住中，我只用了五百萬韓元就加以解決。

清晨的陽光作爲鬧鐘，我一睜眼，就可以隔著在原木牆上開鑿的小窗戶向白樺林問早。運氣好的時候，還可以和坐在樹枝上休息的小山鳥對視。此外，除了煙囪以外，這個房子只用泥土、石頭和木頭建成，可說是具有親自然環境的房子，因此在這裡睡一晚，會覺得身心非常舒暢。從隱隱發熱的炕板到厚實堅固的原木牆，再到能安穩保護房間內空氣品質的低矮屋頂，我越待在這裡，就越讓我感到安慰。不知是否因爲如此，忘記從何時起，如果遇到困難的事情，我就會發現自己正走向原木屋。只要一想到能在那裡放下疲憊的身心休息，心情就會自然而然地變好。

看到原木屋的朋友們都很羨慕我，並開玩笑說想叫吊車來把房子拖走，其中一個傢伙說自己會出高價，要我把房子賣給他。明知是玩笑，我卻嚴肅地說不行。說實話，我眞的不羨慕位於市中心的昂貴電梯大樓。雖然房子的價格只有五百萬韓元，但是在我親手建築的地方，我可以得到充分的休息，並獲得面對明天的力量，那不就足夠了嗎？

30

今天會是怎樣的一天？決定權在我身上

有一個對周圍的人毫無關心，只追求成功的男人。有一天，他心不甘情不願地因爲公司的事情去偏僻的鄉下出差。雖然一起去的同事們趕忙結束了工作，但是他因爲暴雪被困，在出差地住了一夜，但是從第二天起，他卻發生了奇怪的事情。收音機裡播放著和昨天一樣的臺詞，昨天被介紹的人就像初次見面一樣打招呼。從那時起，他總是重複和昨天一樣的今天。最初幾天，他很喜歡這種奇特的現實，但是在早上睜開眼睛也沒有任何變化的情況下，他漸漸變得無聊，最終陷入絕望，於是衝向開過來的汽車。但是天一亮，同樣的一天又開始了，他想死卻也不得死。

這是比爾・莫瑞（Bill Murray）主演的電影《今天暫時停止》的第一個部分。影片最後以男主角在歷經迂迴曲折後反省過去、迎接明天的快樂結局告終，但如果電影成爲現實會怎麼樣呢？如果早上睜開眼睛，像昨天一樣每天重複的話？

如果是我，絕對無法接受。不管有多累，今天和昨天不同，明天和今天不同，所以能夠抱著期待活下去，這才是人生。心想即使今天搞砸了，明天也沒關係吧？這種期待的心理讓我們能夠活下來。從這方面來看，隨著年齡的增長，生活變得無趣的原因不是變化，而是選擇安定。雖然嘴裡說期待新的東西，但害怕變化，所以不嘗試任何新的事物。安定的日子在某個瞬間明顯會變成無聊、無趣的日子。作爲選擇穩定生活的代價，必須忍受無聊的日常生活。

古人盛讚古樹每年開花，在原地始終如一的特性。因爲不管遇到什麼困難，它始終如一地堅守原貌，所以一直把樹木當作景仰的對象。但是我對於「始終如一」這句話感到有些不舒服。雖說樹木千年如一日，始終保持原貌，但嚴格來說，我們現在看到的樹木並非一年前看到的那棵樹。因爲如果把構成生命的最基本單位稱爲細胞，那麼在組成樹木的細胞中，超過一年以上的非常少。樹木每年都會長出、凋落新葉，而且爲了生長，還會不斷發出新芽，果斷地抖落不需要的殘枝。雖然看似不變，但與昨天不同，不斷變身。亦即每年樹木都在重生。

因此，即使是同一棵樹，仔細觀察後會發現葉子的形態和大小、樹皮的顏色和質感、樹枝的模樣等所有類型都有差異。雖然都是同樣的樹木，但是越到山上，高度會逐漸變矮，出現連續性的變異。以常春藤來說，在地上爬行時呈疊葉狀，但攀上牆壁時會呈單葉狀。根據環境的不同，葉子變大或變小是基本現象，甚至葉子形狀本身也會發生變化。

只要紮根一次，只要沒有天災地變，樹木就會在這個地方生活很長時間。雖然這種習性看起來像是固執地堅持自己的形象，但是樹木反而具有追求變化的屬性，最終可以存活下來。有時甚至會按照時序折斷自己的樹枝，忍受痛苦。

停留在與昨天不同、活在今日的樹木身邊日久，我也越來越像樹木了嗎？我也經歷過很多變化，決心做一名樹木醫師後，爲了補充不足的知識，不斷讀書，並用照片記錄下各種現象。爲了向更多人傳達與樹木共存的生態生活，雖然口才不好，但我也開始演講；雖然文筆不好，但我鼓起勇氣寫了幾本書。爲了過著忠於樹木醫師的生活而費盡心思的時間，最終給我的人生帶來了大大小小的變化，也因此人生變得豐富多彩。另外，通過不斷變化的過程，

人們看著古樹
雖然總覺得始終如一，
但樹木每年都要抖落葉子和樹枝，
變身為與昨天不同的面貌。

我明白了人生的目的就是尋找自我。

每個人都夢想著比昨天更好的今天，發生變化的明天。但沒有任何東西是僅靠心意就能改變的，而這並不意味著必須經歷巨大的變化。堆積試圖進行細微變化的今天，迎接在某個瞬間發生變化的明天就可以了。這樣看來，也許這一切都源於迎接比現在更好的明天的微小決心。就像不埋怨自己的位置，在被給予的環境中不斷追求變化，並活了數百年的樹木一樣。

每一天都是
令人興奮的邀請
如果天亮的話
新的生活就在等候你
絢麗多彩的生活。
舊的一天就此過去
新的一天到來

今天是怎樣的一天
取決於你。
用壓抑心胸的負擔
或者會覺得像是激動的約定。
也許會爲了我的日子充滿希望而高興，
也有可能在沒有洗漱的情況下變得無精打采。
你自己去選擇今天的人生。

這是古倫神父寫的《只要能活一天也要幸福》中的一段話。過去是無論如何後悔也改變不了的，誰也不知道明天會發生什麼事情。但是我相信，就像古倫神父所說的，今天會是怎樣的一天取決於我。所以我下定決心，至少今天我會無悔地活著。

31

在年華老去之前一定要做的事情

要我說成爲一名樹木醫師的條件，首先就是健康。因爲樹木醫師職業的特性是必須上山處理很多事情，而且不管寒、暑都得經常在外面工作。幸虧我從小就很健康，連最常見的感冒都沒得過。雖然我已經年過五十，但和大家一起登山時，甚至可以幫比我年輕很多的人背行李。

一直對健康充滿自信的我，在五十多歲的時候進行了腿部手術，開始意識到自己的年齡。手術後經過長時間的復健，膝蓋雖已恢復到可以再次爬山的程度，但從那時開始小心翼翼地避免給膝蓋施加壓力。

地鐵或公車出現空位時，我開始觀察別人眼色也是從那時開始的。在此之前，無論座位是否空置，我都會站著，但在做完手術後，在確認周圍有沒有孕婦或年長者後，我會安靜地坐在座位上。雖然還沒到坐在博愛座的程度，但在腿部手術過後，我發現自己在不是老年也不是中年的邊界中徘徊。

其實剛開始我對這樣的自己感到很陌生。並不只是因爲膝蓋手術，而是因爲上了年齡，身體會開始變得衰弱，生活方式也會隨之改變。但不久前還穿梭於山野之間，不知爲什麼，突然對自己必須擔心雙腿狀態的現實感到悲哀。甚至我開始懷疑自己這個樹木醫師的工作能持續到什麼時候。眞正面對這些事情後才發現，接受身體老化並非易事。有一天，我坐在公車後座上，不經意地望著窗外的風景，突然產生了這樣的想法。

「登上山頂、到達目標地點後，剩下的只有愉快地下山，反正無論如何都要下山的話，應該慢慢觀察過去錯過的風景，有意義的完成剩餘的行程。」

所以，我仔細回想在忙碌的日子裡曾經錯過了什麼。也就是在生命結束的時候，究竟會對什麼感到後悔？雖然自己覺得對於過去的歲月很有成就感，但內心深處還是存在類似消化不良的部分，讓我感到不舒服。那就是我感到無論我如何東奔西走治療樹木的疾病，只要人們的想法不加以改變，樹木的命運仍會同風中殘燭一般。即便被認定爲保育類的樹木，我仍多次看到因地主的反對而被強制遷移，導致失去生命的樹木。

當我想到了這一部分，我決定把自己餘生的焦點從樹木轉變爲人。如果過去一直致力於照顧樹木，那麼從現在開始，我要更加致力於經由各種方法告訴人們爲什麼需要生態生活、拯救一棵樹意味著什麼。

我首先重新擬定此前一直進行的演講框架，把講授樹木本性的課程擴展到更深層次的生態教育。在教導樹木的習性之前，先告訴人們人也是自然的一部分，因此包括樹木在內的所有生命不是支配的對象，而是生活的同伴。

另外，我開始更加積極地與年輕後輩分享自己的經驗和祕訣。我想超越日常性地治療生病的樹木，明確地告訴他們應認識樹木是與人類同等的生命體，讓世界所有生命共同生活的生態成爲可追求的夢想。

這個決心的施行在不知不覺中已經過了十年，現在我決定坦然接受我的年紀。直接照顧樹木的情況雖比以前減少，但我不再爲此黯然。雖然因爲身體的老化，不得不減少工作量，但還能經常進行演講，過著另一種人生。不久前，我還以有孩子的年輕父母爲對象，親自製作幼兒森林遊戲節目並進行演示。這是爲了讓從出生起就沒有機會踩踏一次泥土而長大的孩子們所做的，哪怕只有一小部分，也要讓他們知道與自然一起生活的樂趣。雖然不知道因爲這個教育會有多少父母帶著孩子去到森林，但是想到能爲這片土地上的孩子和自然一起成長略盡心力，心裡就感到非常欣慰。我只對於沒能更早爲孩子積極開展生態教育而感到惋惜。

所以最近每當見到中年人時，我都會這麼說。如果說至今爲止是爲了爬上什麼位置而活，那麼從現在開始就要追求價值。今年已過百歲的延世大學名譽教授金炯錫在接受某家媒體採訪時留下了這樣的話。

「年輕時的目標是活得開心，壯年時的目標是工作成功。但是樹木最後不也得要結出果實嗎？人生到了後期，應該是爲了社會結出果實的時候。所以如果以後我還有目標，那麼我希望對大家能活得更有人情味而努力。」

他把自己的全盛時期定爲九十八歲，理由是他在那年爲了人們出版了兩本書，進行了一百六十次以上的演講。他的意思也就是說，那年是他人生中最具有正面影響力的一年。

那麼也許我的全盛時期還沒有到來。因爲我認爲，到目前爲止，還有許多事情要做。上了年紀以後，把我所擁有的東西和某人分享，即便是再微不足道的事情也有意義。所以我要仔細想想，在剩餘的人生中我能做的事情是什麼。

第四章

和樹木
一起活著
的喜悅

I learned life from trees.
The essential life
lessons from trees,
the oldest and wisest
philosophers in the World.

32

如果住在無人島的話，我想帶去的樹木——漆樹

讓我們想像一下，有一天，因爲天災地變，地球上所有的生命都消失了，只有我獨自在荒涼的廢墟中生存了下來。神告訴陷入絕望的我，我允許你只和一棵樹一起生活，直到你死亡爲止，說說你要和哪棵樹一起生活吧！如果是你，你會選擇哪棵樹？

因爲每棵樹都具有特定價值，所以不能分出優劣，但如果只能和一棵樹一起生活的話，我想選擇漆樹。並不是因爲樹形美麗、木材有用、花特別漂亮，或是香氣迷人。從表面上的形狀或用途來看，漆樹似乎不太有魅力。但儘管如此，我之所以選擇漆樹作爲終生同伴的原因還是在於其他方面。

就像有一些樹木只存在於森林的深處或山頂上一樣，也有另一些樹木會停留在人們的身邊，生活在城市中。其中最具野性的樹木就是漆樹。無論是在城市

何處，只要存在狹窄的縫隙，就能看到漆樹抬頭，甚至會讓人懷疑它到底是怎麼扎根的。河堤、道路坡面、空房的院子、陳舊的人行道地磚之間，甚至高台的隙縫，只要有一點空間，它就會悄悄地進入，若無其事地茁壯成長。我們會覺得樹木既然要扎根，那就最好到肥沃的地方去。但無論是在陽光太熱，其他植物都不敢妄想的空地，或者是正在施工的公路一角，都沒有什麼可以阻擋漆樹扎根的地方。因爲生命力太過旺盛，它們會在人們因開發而推倒的山坡地面，用自己的根緊緊抓住看似即將下滑的土堆，堅持到底。所以我把漆樹稱爲「綠色游擊隊」。

也許有人會覺得漆樹愚蠢。雖然有很多只尋覓空地的開拓植物，但是如果以若無其事地進入明天就有可能翻動的工地，並長出綠葉來評量，漆樹無疑是第一名。實際上，漆樹彷彿今天就是生涯的全部一般，只全力專注於在這一瞬間發芽、伸展樹枝。如果盛夏在正在修路的施工現場看到綠葉伸直的樣子，似乎就能聽到漆樹充滿朝氣的喊聲：「喂，不管你們怎麼阻擋我，我絕對不會退縮！」漆樹在面臨生命即將終結時，會安靜地遷移到附近的另一個空地上。

有些人會對看起來像是消失，但竟然會在附近另一個高台看到默默發芽的漆樹搖頭嘆

息。但是，託它的福，在高樓大廈鱗次櫛比的灰色城市才能擁有綠色清新的感覺。所以漆樹既是綠色游擊隊，同時也是和平的游擊隊、生命的游擊隊。漆樹愚蠢、頑強的生命力在寸草不生的沙漠中也會散發光芒。

還有關於漆樹的一個鮮爲人知的祕密。雖然漆樹因爲在什麼地方都可以生長而被蔑視，但事實上，漆樹以前被稱爲千金樹，亦即這是非常珍貴的樹，需要付出千金才能買到。其祕密就在果實上。漆樹結出的如紅豆大小的圓果數不勝數，到了秋天，果實的外皮就會如同麵粉翻覆一樣變白。但是變白的部分越成熟越有鹹味，在鹽稀少的年代，大家會把果實曬乾後代替鹽使用。

每當在工人流汗的建築工地一角看到沾滿灰塵、堅守位置的漆樹時，我就會想起普希金的詩句：「即使生命欺騙了你，也千萬不要生氣或傷心。」將人生從陰暗變爲光明，終究是取決於內心的事情，這似乎是無言地告訴人們，我們應全力以赴，快樂、堅強地度過今天。如果因爲世界不順應我的心意，所以想說「我之所以這樣，都是因爲世道，都是因爲這該死的環境，都是別人的錯」的時候，是不是可以回想一下號稱綠色游擊隊的漆樹？

即使身處一個偏僻的地方，獨自生活的時候，如果漆樹在身邊，似乎也不敢說要放棄生活。更何況秋天滿滿的果實可以代替鹽，因此當然可以將漆樹留在身邊一輩子。

33

缺點並不會都讓人自卑——鐵冬青

濟州島一年十二個月，無論哪一個季節來訪都很美麗。在韓國本土看不到的異國風情樹木展現華麗的姿態，樹木露出凋零樹枝的寒冷冬天，濟州島也經常被綠意覆蓋。這像是一場盛裝打扮的樹木盛宴，甚至一般的樹木都會相形見絀。

一到冬天，在樹木的天堂濟州島，就會有很多人詢問一些樹的樹名。就我而言，和朋友們一起到濟州島的話，同行的人一定會問起關於樹木名字的問題。

「這棵是什麼樹？」

「鐵冬青。」

「啊？」

雖然聽起來像文字遊戲，但名字真的是鐵冬青。（譯註：鐵冬青的韓語發音和什麼一詞相似。）鐵冬青深灰褐色的光滑樹皮從莖部到樹枝都加以均勻地覆蓋，

呈現端正的樣子，有光澤的厚葉似乎有些害羞，稍微往內彎折，與其他樹木有所區別。在初夏，它會開出小巧可愛的紫色花，與濟州島夏天其它華麗裝飾的樹木相比，鐵冬青並不太顯眼。

那麼鐵冬青到底有什麼魅力，讓每個人都會詢問自己的名字呢？吸引人們視線的鐵冬青眞正的魅力在於果實，而不是樹形或花朵。秋天在葉腋部位，會有如同豆子大小的紅色果實成群結果。過了嚴冬，在春天到來之前，整棵樹都會結滿這樣的果實。雖然另外也有一些其它的樹木結出紅色的果實，但大部分都會在冬天到來之前落下，所以冬天只有鐵冬青的果實如前掛在那裡。也許這就是濟州冬季萬綠叢中一點紅般的畫龍點睛吧？從十月份開始顯現的紅色越來越深，到十二月達到頂點。如果下雪，就會完全被以白雪爲背景，綠葉映射的紅果畫面所眩惑。

就像秋天其它樹木的華麗盛宴即將結束，正在變身的鐵冬青爲了這一刻忍受寒冬。但這種變身非常聰明，因爲用花無法和別的樹木相比，所以在其它樹木休息的時候，鐵冬青用鮮紅的果實吸引人們的視線。但是鐵冬青在嚴冬結出紅果是有原因的，可以明確地說，這是爲了繁衍後代最切實可行的方法。

要想讓無法移動的樹木後代遷移至遠方，絕對需要能夠代替自己搬運種子的存在，最具代表性的例子就是天上的飛鳥。樹木給鳥類提供高品質的食物，代之以希望鳥類把種子帶到更遠的地方。樹木和鳥類這種彼此默許的交易，在冷風一颳起時就宣告結束。樹木結束一整年的生長，到了準備邁入下一個年度的冬天，鳥類因沒有食物而不得不與飢餓作抗爭。每到此時，整個嚴冬都結滿誘人果實的鐵冬青是鳥類珍貴的糧食倉庫。尤其是鳥類的眼睛對波長較長的紅色特別敏感，知道這一點的鐵冬青用紅色誘惑鳥類。因為知道自己的模樣和花朵肯定比不上其他樹木，所以用嚴冬的紅果這一確切的戰略盡情展示自己的魅力。

我一看到鐵冬青，就會想起一個特別矮的小學同學。他經常羨慕我的身高，但總是說：「等著瞧，以後我一定會比你高。」幾年前，我在仁寺洞附近喝酒時，有人認出了我，回頭一看，原來是那個同學。也許是兒時的臉孔改變不大，即便是聯絡中斷了幾十年之後，依然很神奇地一眼就認了出來。我們太過高興，邊喝邊聊，但是那傢伙突然開始炫耀起自己的妻子，說她個子比自己高，還很漂亮。我心想這傢伙又要開始說起身高的事情了，不知道是不是太開心了，還說出自己和妻子結婚的故事。

「因為我的個子矮，所以即使相親，也沒有什麼好結果，所以我制定了作戰方案。我先去相親的地方等待，一直到相親結束分手之前，無論如何也不站起身。也就是第一次見面的時候，絕對不會讓她看到我的身高。我個子雖然有點矮，但臉孔沒問題，被迷住之後身高能有什麼問題呢？不是嗎？」

我從小就比別人高半個頭，現在身高也超過一百八十公分，所以從未擔憂過身高。但是對於比同齡的人矮很多的那位朋友來說，身高確實是個讓人傷心的問題。我經常看到因個子矮小產生自卑感，進而使人際關係陷入困境的人。但不知爲什麼，那個傢伙不管是小時候還是現在都不怎麼令人擔心，因爲能夠說出自己弱點的人絕對不是弱者。當我們試圖掩蓋自己的缺點時，反而會產生自卑感，引發更大的問題。

那個朋友也是一樣。對他來說，雖然個子矮是個缺點，但他並沒有因此陷入自卑。他從未被自卑感所困，不會因爲有人提及就過度反應、內心受傷、心痛，代之以思考如何在適當的時間散發自己的魅力。鐵冬青也是一樣，雖然在外表和花朵上，與其他樹木相比毫無勝算，但它並沒有因此而傷心，也沒有等待別人先肯定自己，反而積極尋找屬於自己的魅力。所以那個朋友和鐵冬青都實現了目標。

如此看來，個子矮小、外表不起眼只是個小弱點，並不是什麼大問題，問題在於有沒有可以勝過這些弱點的魅力。雖然對漂亮、帥氣的人產生好感是人之常情，但如果見面時眞的找不到其他魅力的話，反而會更失望。因此，重要的不是缺點本身，而是自己如何接受和克服缺點。因爲把缺點變成自卑感的怪物不是別人，正是自己。

從春天到盛夏，鐵冬青在華麗的樹木之間安靜地摒住呼吸，在某個瞬間，才會呈現自己獨特的魅力，吸引世人的目光。您沒有聽見鐵冬青的聲音嗎？缺點不算什麼，所以不要因爲缺點而畏首畏尾。

34

想要遠行的話得一起走——水杉

有時我會爲了和攝影師們一起拍攝樹木的照片而爬山，我聽取他們如何拍好照片的建議，他們也向我學習樹木的知識。今年春天，久違地和幾個人一起擬妥了外出拍攝的計劃，但因爲參加人數突然增加，甚至還包了遊覽車前往。雖然一大早就出發了，但巴士開到江南後卻開始堵車。我心想堵車總會結束吧，所以正想放鬆心情補眠時，有人大聲喊道：

「哇，老師，你看那些樹，高度超過公寓頂端，就好像叢林一樣。啊！在城市中心的樹怎麼可能長到那麼高呢？而且還是在狹窄的公寓之間。」

順著他用手指的地方看去，有很多樹木群聚地分佈在歷史非常悠久的公寓社區裡。吸引人們視線的樹木正是水杉。

水杉是隨著城市高度開發，種植在路邊的韓國行道樹代表。行道樹可以減輕駕駛人的眼睛疲勞，也能爲行人提供涼爽的樹蔭，而且其存在本身也對城市美觀起到一定作用，所以不能任意栽種。換言之，我們在公路旁經常看到的銀杏樹、懸鈴木、水杉等行道樹都是經過選擇的樹種。

但是現在城市的樹木正逐漸失去立足之地。茂密的樹枝和樹葉擋住建築物的招牌和窗戶，秋天落葉堵住了下水道，人類以長長伸展的樹根破壞地下排水管或頂起磚頭爲由，乾脆將樹木拔除或只留下樹幹，把粗大的樹枝全部砍掉。人們不過在不久之前還覺得好看而種植，可是現在又覺得麻煩，所以我每次站在樹木面前時都無話可說。但是儘管現實如此令人心痛，但水杉能長到二十公尺以上的電梯大樓樓頂高度的原因是什麼？人們神奇地望著高聳入雲的水杉，我安靜地向他們進行了說明。

「那樹木是城市裡常見的水杉。水杉之所以長得那麼高大，是因爲市中心有很多大樓。如果旁邊沒有電梯大樓的話，就不會長得那麼高。」

大部分的針葉樹都是出生在寒風凜冽的凍土上。樹木可以生存的北邊界線森林被稱爲針葉林，針葉林是在永久凍土層上形成的，一年當中除了一百多天的夏季外，經常被冰雪覆蓋。樹木如果想要生長，這是太過貧瘠的環境。因此那裡的樹木僅憑自己的力量是不能茁壯

成長的。因爲要想從遠處的地平線獲得微弱的光線，就要最大限度地讓自己長高，如果自己獨斷成長，就無法抵擋一年四季吹來的強風。雖然只要能深深扎根就好，但即使在盛夏，地下一定的深度也存在冰層，因此這個夢想非常遙遠。

它們選擇的方法是聯合。在地面上像皇帝企鵝過冬一樣緊挨著，一起忍受著從遠方吹來的強風，地下則是根部緊緊相連，像網一樣緊抓著泥土。就像地下莖連接在一起形成一體的竹子一樣。如果針葉林地帶的針葉樹堅持獨自生長，那麼就會因無法忍受暴風雪而在成爲成木之前倒下。

從這方面來看，江南古老公寓旁種植的水杉樹作爲針葉林地帶針葉樹的後裔，具有相同的特性。就像它們的祖先一樣，它們有著依靠彼此存在而高高成長的習性。對它們來說，公寓不是遮擋太陽的障礙物，而是一起戰勝強風的堅實夥伴。被困在四角框架內的樹根與旁邊的水杉聯合起來，牢牢地抓住不足的泥土，並依靠著周圍陳舊的公寓茁壯成長。

和攝影師們登山回來後不久，我又去看那些如叢林般茂盛的水杉樹。我慢慢地仔細觀察，發現樹梢的末端整齊劃一。就好像訴說公寓不能生長，現在我們依靠自己的力量正茁壯成長中。

看著保持一定間隔、互相依靠成長的它們，我想起了非洲的俗語「想要遠行的話得一起走」。每個人都有屬於自己的人生，每個人的人生旅程都屬於自己。但是我不認爲獨處意味著所有的問題都要自己解決。不，從一開始那就是不可能的。凡事要盡全力自己解決，但如果遇到一個人根本解決不了問題的時候，要主動和別人攜手合作，這才是眞正的自立。

因爲不相信他人，想要獨自完成所有事情；不把別人當作是提供幫助的對象，只把別人當成競爭對手，如此只會讓原本艱難的人生更加痛苦。每當此時，我們應傾聽水杉的話語，它們不但能與公寓屋頂相處得很融洽，彼此之間也很能合得來。

35

想來就來吧！你以爲我會輸嗎？——懸鈴木

在我國行道樹中最常見的是什麼？對於這個問題，被提及最多的樹就是懸鈴木（platanus）。只要是生活在城市裡的人，都會有過在寬闊的懸鈴木樹蔭下躲避炎炎夏日的情況。不僅是夏天的清涼樹蔭，一到秋天，懸鈴木就會落下色黃而溫暖的褐色落葉，浪漫地裝飾索然無味的市區街道。何止是街道呢？學校校園裡都會有一、兩棵懸鈴木，與道路不同，它們不會有剪掉樹枝的情況，因此可以盡情展示原本的丰姿。

但是，很少有人知道懸鈴木的韓語名字與癬菌有關。懸鈴木剛引進韓國時，因外皮脫落，看起來斑駁的樹皮與長在臉上的癬菌（譯註：韓語原文爲버짐，與懸鈴木的韓語名字버즘나무發音類似）相似，因此得名。

對於現在年輕的一代來說，雖然聽起來像是古老的故事，但在四、五十年前，因爲沒東西吃，長著白癬

的孩子非常多。甚至有笑話說，有人會用臉上是否有癬來衡量家裡的經濟情況。那麼，爲什麼這麼多的名字中偏偏要取這種骯髒的名字呢？雖然現在懸鈴木的原名廣爲流傳，但我更喜歡버즘나무這個純韓語名字。

幾十年前那段歲月非常艱苦，連三餐的溫飽都需要擔心，但長著白癬的孩子們臉上總是洋溢著明朗的氣息，並充滿朝氣。在那個食物缺乏的年代，孩子們在午餐時如果看到沒能帶上便當的朋友，即便自己的大麥飯裡只有泡菜，他們也會分享給沒有飯吃的孩子。雖然也有因家境貧寒未能繼續升學、直接投入工作第一線的朋友，但他們也夢想著明天會比今天更好，每天都盡最大的努力。無論在任何時刻，他們都沒有放棄希望。可以說這些臉上長著白癬的孩子們長大後，實現了韓國今天的輝煌成長也不爲過。

有一個朋友因爲家境困難而放棄學業，早早地就在汽車零件工廠工作。在努力工作後，他成爲了中小企業的社長，甚至還有產品出口。但由於意想不到的外交問題，出口之路被阻斷，最終遭致破產。迄今爲止的一切成就都化爲泡影，他的心情又該如何呢？我以擔憂的心情跟他聯絡，但他的表情卻出乎意料地非常平靜。

「吃的東西都沒了，不得不餓肚子，這還好像是前幾天發生的事。沒什麼大不了的？現在還不需要擔心吃飯的問題，多幸運啊，不是嗎？」

他說自己四肢健康，廚藝不錯的妻子打算開個小麵館，看著他，我想起在飽受公害之苦的城市中心經常冒出綠葉的懸鈴木。最近因爲霧霾，很難看到蔚藍的天空，在懸鈴木連自己身體都難以保養的情況下，還充當天然的空氣淨化器，長出綠葉。雖然說這句話對懸鈴木有些抱歉，但它似乎正是爲了充當行道樹而出生的。

但清新的懸鈴木卻與我們眼中看到的不同，它的實際生活其實非常激烈。每次去首爾的時候，我都會將耳朵貼在地鐵站附近懸鈴木的樹幹上，那樣就能聽到嗡嗡的聲音，其實就是經過市中心的地鐵震動聲。作爲生活在貧瘠環境中的行道樹，懸鈴木對周圍的變化總是很敏感。但如果位於市中心，被高聳入雲的建築物所遮擋，它們無法察覺風向和陽光的移動，因此它們選擇的策略就是經由長長的樹根來感受周邊的變化。懸鈴木的樹根牢牢地拉住地下的泥土，面對越來越嚴重的試煉，它會抗拒地說：「好，你要來就來吧，你覺得我會輸嗎？」

我曾去過某家酒吧，看到牆上有這樣的文句：「無論天氣再怎麼冷，我會去買衣服穿嗎？當然是買酒喝啊！」我和一起去的朋友都說這句話說得眞好，呵呵大笑。看到懸鈴木，不知爲什麼，總會想起那個句子。雖然整個樹幹上鋪滿了白癬，但是看著不屈服於惡劣環境，總是朝氣蓬勃、綠意盎然的懸鈴木，心情就會變得很好。

在北韓，據說人們稱懸鈴木爲鈴鐺樹，因爲在落葉凋零的晚秋，樹上掛著搖搖晃晃的果實，像鈴鐺一樣可愛，故有其名。如果南、北韓統一，懸鈴木在platanus、버즘나무和鈴鐺樹中，應該選擇什麼名字呢？我覺得被叫做버즘나무會比較好。因爲我希望能經常聽到懸鈴木說出鼓勵的話：「遇到這點困難有什麼大不了的？讓我們再加把勁生活下去吧！」

36

沒關係，緩慢又如何？——松樹

某輿論調查機構在二〇〇四年和二〇一四年，分兩次向年滿十三歲以上的人詢問最喜歡的樹木爲何，兩次都是回答松樹的人最多。僅在一百年前，從製作小飯桌到衣櫃等各種傢俱時，大家都喜歡使用松樹，沒有食物的時候，還會剝開裡面的內皮吃。現在松樹依然是隨處可見的樹木，也是建築物園藝樹木中顧客最常選擇的樹木之一。

松樹和我們的緣份始於距今四千年前，是在韓國祖先來到韓半島之後。定居韓半島的祖先們開墾周邊樹林，建設房屋和田地，用樹木作燃料，於是松樹的勢力範圍逐漸擴大。如果人們展開大大小小的戰爭，森林被破壞，松樹反而會在遭到破壞的樹林之間進一步擴充自己的領土。因爲松樹只有在陽光充足的情況下才能長得很好，因此被人們破壞的樹林對於松樹的生長來說是非

常好的條件。

在如此悠久的歷史漩渦中，松樹氣勢雄偉地擴展了自己的位置，而如今成爲韓國代表性的樹木則始於朝鮮時代。在建造包括王室在內的官廳或兩班家屋時，松樹是不可或缺的珍貴材料，也可說是貴族家門的象徵。松樹經過朝鮮後期、日本帝國主義強佔時期，在許多危機中，一直在我們身邊以常綠的形象帶給我們希望。

松樹之所以能夠成爲象徵韓民族的樹木，與歷史潮流不無關係，但最大的原因在於其堅韌不拔，其他任何樹木都無法與其媲美。松樹具有只要陽光充足，即便是在山頂的岩石縫中也能發揮堅強生存的頑強生命力。究竟其堅韌的生命力是從何而來的呢？

松樹與普通樹木的生長方式不同。大部分的樹木是春天發芽，夏天、秋天不斷生長樹枝。如果不遭遇像病蟲害或暴風雨一樣的危機，就不必太過擔心其未來，必定會不斷成長。與此相反，松樹從早春到夏天到來之前只長出一節，然後停止生長。所以松樹只要算節數就能知道它的年齡。雖然用單純的方式來區分多種多樣樹木的生命並不適合，但出於方便，人們將前者稱爲自由生長，後者稱爲固定生長。

那麼松樹爲什麼會選擇固定生長呢？選擇自由生長的樹木在生長速度快的同時，也要付出相應的代價。像竹子、梧桐樹等，有可能裡面是空心的，就算是內裡充滿，因木質鬆軟，即使受到一點威脅也容易倒下。但一年只長一節的松樹，由於生長緩慢，所以能夠填滿內部，也能經受千年風霜的考驗。

但是，如果在那些成群競相快速成長的樹木之間固執地追求緩慢，就無法得到成長所必需的陽光，雖然松樹也不喜歡貧瘠的土地，但是爲了躲避競爭，它們選擇的地方就是任何樹木都不喜歡的岩石地。雖然有些困難，但松樹還是選擇慢慢成長，而不是競爭。因爲擺脫了過度的競爭，開闢屬於自己的道路，松樹就像愛國歌（譯註：韓國國歌）中的一句歌詞一樣，以「像穿戴鐵甲一樣，在風霜之中也不會改變」的樣子始終存在於我們身邊。

美國加利福尼亞山嶽地帶生長著刺果松，種名爲「Pinus longaeva」，意爲「長壽」的這種松樹是單一單位生物中最古老的生命體，平均壽命達三千年以上。其中年齡最大的是被稱爲「麥修撒拉」（Methuselah）的松樹，推測年齡爲四千八百四十五歲（最近發現了五千零六十二年的松樹，但尚未命名）。

像這種古老的樹木都有一個共同點，那就是沒有速成樹木的事實。雖然成長緩慢，但以自己的速度成長，不加入競爭的樹木最終都會活得長久。

也許正因如此，我對競爭日益加劇的當今趨勢感到惋惜。人雖然身處金字塔式競爭結構中，為了生存不得不竭盡全力，但越往上爬，獲得生存的人越少，最終大部分的人只能被淘汰。那麼，像松樹一樣「即使更辛苦，我也要從競爭的縫隙中掙脫出來，走我自己的路」的霸氣反而能成為競爭力。

人們常說競爭是成長的動力。但是過度的競爭會失去目的，引起焦慮，最終連自己現在身處何方都不知道。最大的問題是，在金字塔式競爭結構中即使成為第一也很難繼續保持下去。因為衝上去的人太多，所以會在瞬間被擠出第一名之外。被擠下之後，人們的讚美和歡呼也會隨之消失，剩下的只是對生命產生虛無感。

因此，讓想走快點的人走快一些，讓想慢慢走的人走慢一點，各自尋找屬於自己的速度，現在我們需要的正是這一點。我想以美國思想家梭羅在《湖濱散記》中說過的話作為本文的結束：

「為什麼我們要為了成功而如此拚命加快步伐、如此盲目地推展工作呢？如果有人未能與自己的同齡友人步調一致，那也許是因為他聽到了不同鼓手的鼓聲。讓他跟著聽到的音樂走，無論鼓聲的節拍如何，或者從多遠的地方傳來。他沒有必要跟著蘋果樹或橡樹一樣的成熟速度。」

37

偶爾要給自己禮物——櫻花樹

每當出嫁的女兒回家一起吃飯的時候，以前的回憶經常會成為桌上的話題。

「爸爸，你記得嗎？那時都快冷死了，但是煤炭卻經常熄滅，所以我們不是穿上外套睡覺嗎？煤炭的味道又是多麼的毒啊，每次燒煤炭的時候，我都眼淚、鼻涕一直流。」

在三、四十年前，用煤炭取暖、用煤油爐子做飯是非常平凡的日常風景。那時每個人的生活都很窮困，根本不知道辛苦是什麼。

當時我是樹木醫師菜鳥，再加上沒有從事能賺錢的園藝事業，只是管理樹木，所以家境並不寬裕。幸虧妻子經營了一個小花園來補貼家用，所以不用依賴別人就能維持生計。我幾乎沒有花自己的錢買過衣服的記憶，十年間每天穿著從別人那裡收到的夏季夾克出門，不知不覺間，人們都不叫我的名字，代之以被稱為「紅色夾克大叔」。另外，冰箱裡別說是麵包和餅乾等零食，就連常見的養樂多都沒有。女兒不太喜歡吃零食其實也許不是因為遺傳父母的飲食習慣，而是因為即使翻遍冰箱也沒什麼可吃的。套用妻子的話，因為沒吃過，所以女兒成長的過程中連最常見的餅乾味道都不知道。

但是，我們一家三口都很喜歡那個時節。因為原本就一無所有，所以慢慢產生擁有每一樣東西的樂趣，從每天努力奮鬥的生命中也能感受到成就感。那是因為我們家人下定決心如果經濟能力不足就按照不足的標準生活，所以才有可能實現。

雖然家境如此貧寒，但我們一家三口還是有一樣事情從不遺漏。那就是每年一次的家庭旅行，這是送給在各自崗位上辛苦一年的自己的小禮物。即使日常生活中經常有一些小小的喜悅，但怎麼可能沒有突然襲來的疲憊呢？儘管如此，我們並沒有放棄旅行。雖然周圍的人曾經諷刺我們說連積蓄都沒有，為什麼還去旅行？但我們卻不甚在乎，只是很難下定決心而已，並不是因為沒有錢不能去旅行。有人說旅行是為了回來而離開，我完全同意這句話，也許我們旅行的理由正是為了重新找回日常的生活。

就這樣，像禮物一樣的旅行連續進行了好幾年。忘了是哪一年，我們一家三口計劃到全國去走一圈。從首爾到江陵，然後沿著海岸線觀賞東海岸後，再經麗水、木浦等南海景點，沿西海岸回到首爾。我們把那次旅行命名為「口字旅行」。在一個大雪紛飛的嚴冬，我們在一輛老舊的中古車裡裝滿了行李，開始了我們的旅行。無論是再怎麼舒適的旅行，過了幾天也會疲倦。在寒冷的天氣裡，開著二手車旅行自然不可能輕鬆、舒適，但我們在旅行的途中一直笑著。在連一隻螞蟻都找不到的東海沙灘上，我們家三口人聚在一起煮著泡麵吃，那個味道又有多香？

每年的旅行成爲支撐疲憊日常生活的支柱，還會帶來夢想著另一個旅行的悸動。旅行可能會多花點錢，但那又如何？我們留下了比金錢更加珍貴的回憶，因此得到幸福就已足夠。所以我認爲不要吝於送給自己禮物，因爲我認爲在思考、準備和執行送給自己禮物的過程，可以成爲眞正愛惜自己的方式。

每個人都有難以忍受的瞬間。每個看似無憂無慮的人，都有著說不出口的隱情，而且什麼事都沒有發生的日子要比想像中來得少。人生漫長，每個人都要比任何人懂得珍惜自己，因爲能對我人生負責的獨一無二存在就是我自己。

但遺憾的是，看到現在的年輕人，我總覺得他們對待自己太過刻薄。他們經常說自己太

忙，但又覺得還不夠忙；而即使竭盡全力，仍然自責自己未能更加努力。其實不足的也都有其存在的用處，爲什麼人們總是在折磨自己呢？爲什麼不能珍愛自己呢？

在我們身邊，每年春天都會有努力讓自己比世界上任何樹都更美麗的樹木。一到春天，除了迎春花、杜鵑花以外，人們都會自動想起櫻花。

生活在城市的林道樹中，是否還存在像櫻花樹一樣生活疲憊的樹木？本來就因市中心的公害而難以呼吸，而且蚜蟲、小瓢蟲、天牛等眾多昆蟲爭相來到櫻花樹叢中，爲的正是樹皮裡流動的美味樹液。在沒有開花的季節，看到櫻花樹，會覺得它們不知受了多少苦，因爲整個身體都是傷痕累累。何止如此？如果樹枝被砍斷，其位置不能癒合，恢復也非常緩慢（所以種櫻花樹時不能隨意剪枝）。

但是整年過著疲憊生活的櫻花每年春天都會用花朵來裝飾自己，彷彿是爲了從那艱難的歲月獲得補償一樣，連一根受傷的樹枝也看不見。雖然因與病蟲害作抗爭而渾身傷痕，但可說完美地換上了新衣服，任誰也無法認出痕跡。

我覺得櫻花樹一年只能盛開一次，其實是它犒賞自己的禮物。站在華麗的櫻花樹下，我彷彿能聽到櫻花樹自言自語說道：「平時太辛苦了，一年就這麼華麗一次也沒關係。」從開花到凋落只有十多天的時間，這段時間不正是櫻花給自己舉行的慶典？

想要熬過艱難的人生，一定要爲自己準備禮物，這個禮物一定要是沒有任何利害關係，只是爲自己所用。正如英國天文學家約翰・赫歇爾所說的：「自尊心才是所有美德的基石」，因爲這個自尊心是來自只爲我自己準備的內心。

每年四月，您是不是也可以坐在櫻花樹做成的花墊上，想想要爲辛苦勞累的自己準備什麼禮物？如果答案是肯定的話，希望您準備的是最高貴、無價的，因爲這是要送給世界上最珍貴的自己的禮物。當然，能親眼目睹美麗的櫻花這件事本身就非常棒。

38

給這片土地上的父親，以及將成爲父親的人——黃漆木

君不見弓福山滿山黃
金泥瀅潔生蕤光
割皮取汁如取漆
拱把榴殘纔濫觴
贛箱潤色奪髹碧
梔子腐腸那得芳

這是茶山丁若鏞留下的題爲〈黃漆〉詩的一部分。丁若鏞長期在全南康津過著流配生活，加上附近的海南、莞島等都是黃漆樹的主要產地，因此對於在江津生活了二十多年，與自然成爲朋友的他來說，黃漆樹是一種非常特別的樹，可以用詩來歌頌。他極力稱讚黃漆樹發出晶瑩的金色光芒，同時對因其特殊性而被強國掠奪、由此加重地區百姓痛苦的現實表示惋惜。

另外，從名字中也可以知道，黃漆樹被使用爲韓國傳統家具的塗料。黃漆樹皮出現傷口，黃色汁液就會滲出來。將其精製成漆後被稱爲黃漆，其顏色像塗過金漆一樣珍貴美麗，在朝鮮時代用於漆製皇帝的御座。黃漆不僅用於家具，還可用於皮革或金屬類，二〇一一年在公州曾發現塗上黃漆的三國時代盔甲。

根據傳說，如果在盔甲上塗上黃漆的話，盔甲會像鍍金一樣耀眼，對擋住敵軍視線起到一定作用。當時高句麗和唐朝作戰，箭術百發百中的高句麗將帥大獲全勝，其祕訣就在於黃漆盔甲上。遺憾的是，由於被當作貢品獻給中國等原因，黃漆被掠奪殆盡，甚至丙子胡亂以後，連王室都禁止使用。據說在日本帝國主義強佔時期，原本栽種黃漆樹的農民爲了防範日帝掠奪，偷偷砍掉黃漆樹。據悉，在患亂的歷史中，黃漆樹已經絕種，但幸好發現了自生木，現在在南海岸一帶經常可以看到。

百聞不如一見，只有實際看到黃漆，才能知道它的美無法用言語形容，甚至比鍍金還要閃亮，塗在家具上的話，樹紋更顯鮮明。過去曾說黃漆的價格比黃金貴十倍以上，這似乎不是謠言。尤其是如果聞到黃漆特有的淡淡香氣，頭腦就會變得清醒，心境也會變得平靜，自然而然地想長久停留在其身邊。

我雖然被黃漆的美麗光芒和香氣所感動，但在面對黃漆樹時，心情並不舒服，因爲我深知黃漆樹珍貴的汁液是經受了殘酷考驗的產物。黃漆樹大多生長在深林中的陰暗處。它生長的地方幾乎都是貧瘠無比的深山，因此黃漆樹準備了許多自救的方法。它的葉子形態最初分爲五瓣，隨著成長逐漸變圓也是爲了適應不足的光線所致。

從樹皮流出的金色津液也是如此。黃漆樹的津液並非隨時都能看得到，丁若鏞先生所言及的「金泥瀅潔生蕤光」是當樹枝因災害折斷或樹幹受到嚴重傷害時，爲保護被撕裂的樹皮而竭力擠壓的治療劑。因此當黃漆樹大量噴出津液，即意味著黃漆樹經歷了巨大的創傷和考驗。我們以黃漆樹的痛苦爲代價，才得以獲得比金子還珍貴的塗料。因此，我們如何能在它的面前僅是一直驚歎不已呢？

每當我看到黃漆樹的時候，總會想起去世的父親。回想起來，對父親來說，我不是那麼乖巧的兒子。父親也不是很善於表達的人，父子之間總是有一種莫名的尷尬。我常對母親發牢騷，偶爾也發發脾氣，但從未向父親表達過眞實的感受。父親對待這樣的兒子會是什麼心情呢？就像那個時代的父親一般，我父親將他自己的人生拋在腦後，一輩子都肩負著家長的責任。凌晨出門，直到深夜才回到家的父親寬闊背膀顯得極爲穩重，但同時又流露出不知從何而來的孤獨。直到我成爲一個孩子的父親，隨著孩子成長我才知道，因爲有父親，才會有現在的我，因爲父親默默地守護著年幼的我，成爲看不見的籬笆，所以我才能不偏不倚地茁壯成長。

這個世界上沒有生來就是父親的人，因此扮演父親的角色對任何人來說都是一件很困難的事情。我也是在撫養女兒的時候才明白「孩子是靠父母的犧牲而長大的」這句話到底意味著什麼。從來沒有人教過他，但在孩子面前不管自己有多累，都不能表露出來，只要孩子生病，就會膽顫心驚。從這個意義上來說，世上所有的孩子不都是塗抹著名爲父親的黃漆長大的嗎？

但遺憾的是，我過去並不知道父親的珍貴。不，我以爲他永遠都會在那裡。因此我覺得自己很不孝的是，直到父親去世後的現在，我才能體會他的人生是多麼孤單和寂寞。也許父親覺得不能在子女面前表現出軟弱的一面，因此才顯得更加孤獨。不知爲什麼，我看著黃漆樹就會想起父親，非常想念他。

一度瀕臨滅種危機的黃漆樹經由有志之士的研究和努力，其珍貴的用途逐漸被人們所熟知。幾乎就要消失的黃漆之美能廣爲人知，實在是一件令人高興的事情，但希望人們不要忘記這個金黃色的禮物是如何傳到我們手裡的，正如同記住為數眾多的父親默默養育孩子所付出的辛勞一般。

39

不是草，也不是樹木，我按照我自己的方式——竹子

柿子樹是樹，狗尾草是草，即使是一個小學生也能輕易區分樹木和草。但如果讓成人說說草和樹木的不同之處，他們還眞說不出三個以上。首先，回答最多的就是壽命，樹木活得久，但草死得快。雖然有常年維持壽命的多年生草，但樹木一般可活數百年，所以這個回答還算正確。

其次，回答最多的是「大」。即便是再小的樹木也比草身材高大，所以大小也是區分樹木和草的標準。第三是堅固性。樹木的樹皮很硬，但草沒有外皮，即使受傷也無法癒合，很容易斷裂。此時，樹皮是一種樹木固有的保護組織，是草身上所沒有的特徵之一。此處再加一個，對樹木稍微瞭解的人也會這樣說：

「蘑菇會長在樹木上，但卻無法生長在草上。」

這句話也對，雖然不是所有樹上都會長蘑菇，但樹

木具有與包括蘑菇在內的眾多菌類一起生活的特徵（僅樹根上共存的菌類就達數億個）。而即使是啓動所有在學校學到的知識，成人所知道的樹木和草的差異也大概就如上述。

但如果向七歲的幼稚園小朋友提出同樣的問題，當場就會出現數十個奇特的回答。對於區別草和樹木的特徵，不斷會有「可以抱住」、「有螞蟻窩」、「有小鳥生活」等意想不到的回答。如果周圍有孩子，就試著問問他們吧。每個孩子心中所刻畫的樹木形象都是無窮無盡的，這會讓我們再次感到驚奇。

但是以如此開放的眼光自由展開想像力的孩子們長得越大，想像的世界並沒有隨之擴大，反而從某個瞬間起就被困在框架內，思考也變得愈發僵化。他們從未抱著「爲什麼」的疑問，只想在固定的框架內掌握一切。對於如何脫離這個框架，他們甚至沒有試圖去理解，反而是視而不見。如今，我們的生活只朝向財富和成功的單一目標發展，難道不是因爲所有的東西都被標準化，而且被束縛在框架內的習慣所造成的嗎？

在人們的這種定型化習性下，有一種樹完全不同，那就是自古以來被象徵爲君子氣象、儒生節操的竹子。在韓文裡，竹子被附加「樹」的稱呼，植物圖鑑上也被歸類爲樹木，那麼竹子應該被看成是樹嗎？

雖然有人以竹子的壽命是六十年的特徵爲由，認爲竹子是樹木，但其實竹子在生長六十年後開一次花，然後結束其生命。亦即具有草類開花、結果後就會死去的屬性。另外，大部分樹木每年的樹形都會長大，但竹子長大一次之後，樹形就不再有變化，所以竹子竹筍的粗細一輩子都一樣。而且竹子因爲內裡空空如也，和普通樹木不同，沒有年輪。

但是竹子也不能說是草。正常情況下，草在長出葉子後開花、結果，然後莖部枯死。可活數年的多年生草一般都是莖部枯萎而死，只剩下根部度過冬天。但是竹子直到壽命結束，葉子和莖部都還活著。另外竹子還有一個特點，那是在草和樹木的身上都很難看到的。

草和樹的生長點因爲是在枝頭，所以會隨最尾端的樹枝生長，但竹子每一節都有生長點，就像釣竿伸開一般，一次性地生長。「節」是其他樹木中找不到的，屬於竹子重要的特徵之一，由於「節」同時增加，所以竹子以任何植物都無法相比的速度成長。兩個月能長七、八公尺，亦即竹子具有其他樹木都無法想像的獨特成長天賦。

歸納這所有特徵，可說竹子很難被視爲樹木，也很難被視爲草類。如果一定要追根究柢，可說竹子在生理上具有草的性質，在形態上具有樹的性質。

竹子非草非木。但仔細想想，除了竹子之外，世上還有不少難以分類的存在。例如鳥類和哺乳類之間有蝙蝠，哺乳類和魚類之間有鯨魚。在大自然中，諸如此類無法用二分法的思考方式進行分類的存在不勝枚舉。即以銀杏樹爲例，它將針葉樹和闊葉樹的特徵集於一身。有許多生物不拘泥於任何劃分，只是按照自己的方式維持著生活。

仔細觀察，似乎只有人類才會在定好的框架內解釋世界上所有的問題，甚至把自己的生命也囚禁在規格化的公式裡。我們追求的「成功人生」實際上也是被困在不知是誰制定的人生公式中的複製人生罷了。但是，人活得越久，越能領悟到一些東西，亦即生命中遇到的複雜問題絕對不會像數學公式那樣完全獲得印證。即使按照眾所週知的公式努力奔跑，但這並不是人生的正確答案。

所以，我經常對那些因無法忍受未來的不確定性而焦慮的人們說，即使過著看不到未來的不安生活，也不要任意認爲自己是不完整的存在。即便自己未能歸屬於某處，看來總是浮浮沉沉，但那又如何？

雖然竹子不是草，也不是樹，但仍能按照自己的方式活著。因此，即使現在無法進入人們所設定的框架內，也不用感到不安或自責自己無能。也許竹子會如此詢問那些垂頭喪氣的人也未可知：

「爲什麼要因爲無法進入別人設定的框架裡而焦慮不安？」

被關在框架內，像機器一樣生活，這在爲厭煩的入學考試學習所苦的學生時代就已足夠（不，說實話，我覺得連這樣的學生時代都很可惜）。而且最重要的是，就算進入別人設定的框架內也沒什麼特別的。不進入人們羨慕的職場、不結婚、不生孩子、沒能購置體面的房子也沒關係。有些人說，沒有這些條件也能幸福地生活，而具備了這些條件卻也有可能不幸。因此，與其爲了穿不合身的衣服而繼續虛無縹緲的努力，不如制定只屬於自己的公式、只屬於自己的規則。

現在正是打破僵化的頭腦、發揮想像力的時候。如果做這些事情會開心、做這些事情會幸福、做這些事情時不知爲什麼心裡會感到欣慰，那麼就去尋找這些事情。不是草也不是樹的竹子，直至今日也仍按照自己的規則活著。

第五章

像根深的樹木一樣，堅強地活在這世上的方法

I learned life from trees.
The essential life
lessons from trees,
the oldest and wisest
philosophers in the World.

40

想讓心愛的人觀看的樹木——連翹

幾年前某個早春時日，我和一行人去了昌慶宮。這些人是我偶爾一起登山的好朋友，他們也帶著全家人一起春遊。當時由於早、晚還颳著寒風，樹木還沒有開花，一行人中的一個小朋友氣喘吁吁地跑過來，拉著我的手說：

「那邊的迎春花開了，但花不是黃色而是白色的。可能是因爲太冷了，都變白了。」

我被孩子拉到那裡一看，有一棵長得很像迎春花的樹，每根樹枝上都掛著一大團惹人喜愛的白花。無論是樹枝的模樣或花朵的樣子都很像迎春花，而其實那是直到最近才被指定爲瀕臨滅種樹木的連翹樹。因爲是很珍貴的樹，所以把分散在幾處的自生地指定爲保護地，沒想到在昌慶宮還能看到，眞是太高興了。我連忙把大家召集起來，介紹這棵珍貴的樹木。

「這棵長得很像迎春花的樹叫做連翹，是生長在韓國的特別植物，也被指定為天然紀念物。由於人們偷偷挖掘，差點就絕種了，幸虧有一些珍惜並保護它們的人，現在我們在昌慶宮也能看到連翹了。」

也許是因為「這是生長在韓國的特別植物」的說明，在場的每一個人都全心地觀賞美麗的花朵。剛才拉著我手的小朋友又問我：

「為什麼它的名字叫尾扇樹？」（譯註：連翹的韓文名字為尾扇樹。）

「如果你對它的名字好奇，等到花都謝了、結出果實的時候，你再來看看。那是因為果實的形狀而得名。」

古裝劇裡，經常能看到宮中宴會時宮女們站在國王兩側拿著大扇子的場面，扇子的名字就是尾扇，連翹樹的果實正像那柄扇子。如果按大小計算的話，只有五百韓元硬幣的大小，所以就像是童話裡任何小人國都可以使用的扇子。

看到花朵凋謝的地方開始結出小巧玲瓏、且逐漸變紅的連翹樹果實時，我總會想起「愛」這個字，因為把人的心臟形象化的心形似乎就能在眼前重現之故。就像「愛」是只要看著就覺得很美好一樣，連翹樹的果實也是如此。

正如同原以爲只會永遠美好的愛情在經歷各種考驗後，變得更加堅固一樣，連翹樹的果實起初也是深青色，但在熾熱的陽光中漸漸被染成紅心模樣。被陽光照耀得顏色眩目的果實具有世界上任何光線都無法媲美的華麗，就像不屈服於任何勢力，堅守只屬於他們愛情的戀人一樣。只有筷子粗細的褐色樹枝上掛滿果實，完成任何人都無法模仿的屬於自己的光芒。暮夏時完整的紅色覆蓋整個果實，兩個小種子堅硬地成爲愛的結晶。早春時節白花盛開，花落的地方開始結出果實，一直忍耐到果實成熟爲止，這段忍耐的時間只爲兩個小種子。

「長年相伴的愛情。」說實話，以前不知道這句話有那麼困難。因爲有了一個喜歡的人，想和她一起生活，所以結婚了，一直生活到現在。即使這樣，我也是有良心的，所以從未對妻子撒謊說「我絕對不會讓妳手上沾一滴水」（譯註：韓語慣用語，意謂絕對不會讓對方吃一點苦）。我因爲一無所有，妻子也吃了不少苦，所以一想到妻子就會心痛。託妻子的福，我才知道愛是值得感激，也是能覺得抱歉的。雖然一見鍾情的愛情很好，但我更喜歡感謝又抱歉的愛情。

所以我想告訴那些只想尋找悸動愛情而徬徨的人們，愛情是從陷入愛河的那一刻開始，經過「相愛」（being in love）的階段到達「停留在愛情」（staying in love）的過程。所以比起陷入愛情，更難的是「停留在愛情」上。但是如果體驗過「停留在愛情」這個階段，就會像社會學家拉薛所說的，知道什麼是「冰冷世界的天堂」。

一度面臨消失危機的連翹樹，現在包括景福宮、昌慶宮在內，隨處可見。如果有機會的話，希望讀者可以牽起某個心儀的人的手，前來尋找連翹樹的果實。如果在那麼珍貴的樹木前談戀愛的話，那愛情會不會更有意義呢？

41

想獲得什麼，就得付出什麼——樺樹

我和樹木生活了一輩子，養成了一個習慣，見到人，我就會不由自主地想起和他感覺相似的樹。見到身形寬廣的人，就會想起在盛夏展開樹蔭的櫸樹；看到始終如一的人，就會想起千年如一日、始終不變的紅豆杉；遇到懂得關懷他人的人，就會想起雖然堅強地生長在外緣，但懂得與別的樹木一起生活的杉樹。有一天，一個長時間關注我的後輩問我：

「我長得像什麼樹？」

事實上，從很久以前開始，我只要看到這個後輩就想起一種樹——在道峰山岩縫中發現的樺樹。雖然這種樹與檀木的韓文名字相似，但兩種樹木的模樣和氣質完全不同。樺樹比檀木矮，果實也小，葉子也小。自古以來，檀木就經常用來製作武器和農具，與此不同，樺樹沒有多少用處，連常見的棒槌都無法做出來，而且也沒有像樣的暱稱，只能借用具有親戚關係的檀木名字，是人們不太關注的對象。

但是在看到這個後輩後，之所以想起樺樹，是因爲生命的習性。大部分的樹木除了有人故意種植在偏僻的地方或種子掉落在空地的情況外，不會獨自生長。幾乎都是從小在樹林裡與周圍的樹木共處，學習怎樣才能成爲大樹，從而壯大自己的身軀。

但是，樺樹似乎已經下定決心，要在山脊的岩石縫裡獨自生活一輩子。即便颳風下雨，也沒有其它可以一起支撐的樹木，因此樹幹經常扭曲，而且樹型也長不大。與森林中使用自己掉落的樹葉作爲養分，戰勝嚴寒的其它樹木不同，獨自生存的樺樹因爲強風，反而連自己的落葉都無法使用。因此，樺樹放棄了向上長高的想法，代之以往下深深扎根。

「如果這是命運，那就別無他法了，我只能自己幫助自己。」

樺樹之所以獨自在岩石上扎根，是因爲無法承受樹蔭。所有的樹都需要陽光，但樺樹需要更多的陽光。因此它們決定放棄一起成長的朋友、柔軟的土壤、適當的溼氣等活下來所需的所有東西，獨自在高聳的岩石上成長。因爲唯有如此，一年四季才能夠無障礙地盡情獨享陽光。

如此看來，世界上似乎沒有能擁有一切的人。如果有所得，便應放棄相應的東西。但如果眞正身處選擇的當下，比起獲得的，放棄的部分必然會顯得更大。即便吶喊「我爲什麼要放棄呢？我做錯了什麼？」也沒有用。總之，爲了獲得，就應失去。

有時會聽到職場媽媽因爲沒有可照顧孩子的人，因而放棄工作的事情。她們當然已經做出各種努力，爲了能夠顧及工作和撫養孩子，一定想盡了一切辦法。但是不管如何掙扎也找不到好辦法，於是爲了守護孩子而放棄工作。所以我有時會感受到爲了獲得，必定要失去什麼的事實是如此殘酷。

那個後輩也是如此。他的母親罹患老年癡呆症，他不忍心將母親送到安養院，但是照顧患有癡呆症的母親事實上非常困難。在經歷過幾次母親走失，他到派出所報案，好不容易才找到母親的事件後，他沒等到屆齡退休，就回到老家照顧母親。如果要問這個選擇是否正確，我不知道該怎麼回答。但是就像世上所有事情一樣，做出選擇的時候必然也要負起責任，承擔這個重任也是他的責任，絕非是別人可以在旁邊輕率干涉並指手畫腳的問題。

在旁人看來，也許他的選擇過於草率，但如果他堅持要走這條路，那也是無可奈何的。此時，無論是加油打氣或是批評指正都必須非常小心。因此我在見到後輩時，只會請他吃好吃的，傾聽他說的每一句話。看著獨自佔據陽光卻顯得有些孤獨的樺樹時也是一樣，如果隨意說出「你就在樹林裡跟其它樹木一起生存就好，爲什麼要這樣生活呢？」的話，那就對樺樹太不禮貌了。

42

「要怎麼樣就怎麼樣」的精神——楸樹

我在上課時經常向人們提問，除了太多人聚集的情況以外。因爲只要經歷接受提問和回答問題的過程，就能自然而然地領悟到我們對於樹木的錯誤偏見到底有多少。不久前，我在上課時，也向人們提出一個問題。也許學員們覺得這是個針對幼稚園小朋友提出的問題，所以臉上的表情都顯得有些尷尬。

「你們覺得樹葉是什麼樣子？請在筆記本上畫一下。」

我順便請一個人到白板上畫畫看。會是什麼樣子呢？大家的腦子裡都會浮現一個形象：樹葉的尾端就像尖尖的湯匙狀，十有八九都是畫這種樹葉，少數例外是分爲五個葉片的楓葉形狀或左右對稱的心形。但是一問爲什麼會這樣畫，大家都支支吾吾，說不出答案。人們都理所當然地認爲樹葉原本就是長那個樣子的。

此時，我介紹了一種樹，給那些認爲「理所當然」的視線潑上冷水。這種每次看到都會讓我發笑的樹木名字是楸樹，這種樹在每年五、六月都會羞澀地綻放披著粉紅色帶子的黃綠色花朵。

但是我喜歡這棵樹的原因不是因爲它華麗的姿態，以及能召喚蜜蜂和蝴蝶的花朵，每次都能吸引我視線的，是它那朝著令人喜愛的花朵下方伸展的葉子。如果被美麗的花朵迷住，會很容易錯過，但楸樹卻神奇地長出世界上任何地方都找不到相似模樣的葉子。大部分種類的樹葉幾乎都是葉片末端長成尖銳模樣，但楸樹的葉尖卻向內凹陷。葉子的周邊也不像其他樹葉那樣圓，而是像剪刀剪過似的有棱有角。如果摘下楸樹的葉子，將其形狀畫在圖畫紙上，任誰也不會想到這會是樹葉。用一句話來形容，就是「顚覆常識」，即使是稍微瞭解樹木的人也會對這種奇異的現象搖頭並問我：

「它們長成這樣究竟有什麼意圖？」

擁有奇怪形狀的葉子肯定是有理由的，但是到目前爲止還沒有找出明確的理由，我也曾經看著楸樹的葉子，想要努力尋找原因。但不知從何時起，我產生了這種想法：楸樹的最大魅力不就是讓人無法理解的怪異嗎？而且根本沒有一定要長得與其他樹葉相像的理由。

我們一看到奇特的形狀或不尋常行動的人，總是想要尋找原因，如果那個人回答說沒有什麼特別的理由，我們通常會追問「那你爲什麼那樣做？」一般人不僅不尊重他人的特性，反而想盡一切辦法想把那人拉下來。無法忍受與自己不同的人會諷刺說與眾不同不會有什麼好下場。「樹大招風」的可怕諺語並非空穴來風。

自從地球誕生以來，所有生命的基本本性都是在追求多樣性。雖然不知道明天地球會變成什麼樣，但千篇一律地只擁有一種形態、一種習慣的話，很容易在一夜之間被消滅。而且從在危機瞬間散發光芒，最終存活下來的生命來看，大部分在當時都是毫無價值和無用的存在。不管別人與自己是否相同，維持自己鮮明個性的生命最終都會存活並繁盛發展，這正是我們所知道的進化過程。

因此，我非常擔憂一般人忍受不了別人突出的個性，不尊重他人個性的文化。雖然情況已經有所好轉，但社會依然想將人們限制在制度化的框架內，人們也在追求在常識中安全的生活。但即便自己如此，想要強迫別人是不可取的，因爲對方只是和我不同，不全然是錯誤的。

回想起來，我因爲葉子的神奇模樣，對楸樹印象特別深刻。不管其他樹怎麼生活，每當看到以「我才不管別人怎麼樣」的精神展現自己魅力的樹葉時，就會不自覺地笑出來。

這樣看來，問題經常就是出在我身上。不管別人怎麼說，我活得像自己嗎？有沒有因爲害怕被別人罵自己太過突出，在開始之前就已經放棄的事情？啊！我還眞有些不安呢！

43

思念母親時想起的樹——胡頹子樹

有些樹不是生長在山上，而是生長在海邊。例如猛然一看不知是樹木還是草類的海菊，它們密密麻麻地扎根在懸崖邊；還有在沙灘上扎根，波浪襲來時，就如同在浮潛一樣，只伸出葉子的蔓荊；另外還有迎著狂風肆虐的天空，樹枝末端像是變成磨損的殘破掃帚一般的濱柃木；甚至還有似乎想要阻止海水侵襲陸地、像守護神一樣堅挺的黑松等等。出乎意料的是，在幾乎沒有泥土的海邊堅強活著的樹木非常多，只是我們不知道而已。

其中唯獨有一種能抓住我視線的樹木，那就是與菩提樹有兄弟關係的胡頹子樹。為什麼生活在連穀類都找不到的海邊的樹木名字偏偏是麥飯（譯註：胡頹子樹的韓文名稱為麥飯樹。）呢？雖然說法有許多種，但我最喜歡花果形狀長得像大麥的說法。

胡頹子樹在九到十一月盛開銀白色的花朵，上面覆蓋著像雀斑一樣的褐色斑點，讓人聯想到黑乎乎的純大麥飯。指甲大小的果實上也長有無數銀白色的絨毛，模樣也和煮熟的大麥相似。有人推測說，因褐色的斑點看起來像是厚厚的蒼蠅糞便，而南部地區方言把蒼蠅叫做「浦里」，導致浦里樹變成麥飯樹。（譯註：大麥的韓文發音類似於浦里。）

有趣的是果實成熟的時期。胡頹子樹的果實在春天成熟，那正是任何果實都未能成熟的季節。因此，以前青黃不接的時期，飢餓的孩子們經常用胡頹子樹的果實填飽飢餓的肚子。雖然和我們現在的口味不太相符，但在食物非常珍貴的時節，再也沒有比這更能消除飢餓感的了。

胡頹子樹雖然看起來雜亂無章，但它不顧凜冽的海風，枝頭總是向著大海。就好像坐在海岸邊的懸崖峭壁上，遙遙無期地等待正在遙遠海上的某人。

也許正因爲如此，每當我看到胡頹子樹時，就會想起即使再晚，在我回家之前絕對不會入睡的母親。在徬徨的十多歲時，我在外面流浪了幾天，回到家後，母親拿出藏在炕頭被子下的一碗大麥飯，硬讓不想吃的我坐在飯桌前。

「不管你做什麼，都不要餓肚子。肚子餓的話，心裡會更痛苦。」

雖然直到上了年紀才明白，那時我吃的那碗大麥飯是母親爲了不知何時會回來的兒子留下來的一頓飯。母親應該也很餓，在外流浪的兒子做了什麼好事，怎麼還需要留下那碗飯？母親沒有追問我做了什麼，也沒問我如果明天再次出門，什麼時候才會回來，她只是用溫和的微笑接納我，並且遞上溫熱的大麥飯。

我像脫韁的小野馬一樣徬徨，多虧母親無言的等候，以及用滿是皺紋的雙手遞給我的一碗大麥飯，叛逆逐漸消退下來。但是不懂事的兒子長大後，不知不覺到了和母親一樣的年紀，就像以前她對我一樣，我想給母親準備一餐熱飯時，母親已不在我的身邊。

胡頹子樹忍受著凜冽的海風，坐在貧瘠的岩石上堅守自己的位置，但是它看起來並不憔悴。胡頹子樹不會抱怨自己生活在懸崖上的命運，也不會嫉妒大樹。即使海風將大樹連根拔起，它也依然不變地堅守自己的位置，就像母親隨時等候著離開懷抱的子女再次回來。

胡頹子樹在濟州島環島步道、南海岸的孤島、鬱陵島杏南的海岸散步路上隨處可見。如果母親還健在的話，我會去找胡頹子樹，摘下一把果實，放在滿是皺紋的母親手裡……。告訴她說，您給我的那碗大麥飯眞是太香甜了，過去讓您操心，眞是對不起。

44

想對三十歲的人說的話——槐樹

韓國最委屈的樹是什麼？我覺得一定是槐樹。人們津津有味地吃著用槐樹花釀成的蜂蜜，卻用不友善的目光看待它們。因爲有謠言說在日本帝國主義強佔時期，日本人爲了試圖摧毀包括松樹在內的韓國原生樹木，故意栽種槐樹。但其實槐樹不是日本人故意栽種的樹木，他們也沒有讓土生土長的樹木死亡。

相反地，槐樹在韓戰結束後，讓成爲廢墟的韓國森林重新綠化，起到了重要作用。在我讀小學的時候，每當植樹節前後，全校學生登上學校的後山，種植槐樹苗的情景至今還歷歷在目。在煤炭普及之前，這些槐樹是老百姓最重要的柴火。如果不是槐樹，也許就看不到像現在這麼茂密的樹林了。

如果我是槐樹，那就實在太冤枉了。讓群山盡顯青綠、毫不吝惜地分享甜蜜的蜂蜜，這還不夠，甚至把自己的身體當作寒冬的柴火，卻被誤以爲是從異國引進的雜木。而在人們的冷落下，一度青綠地覆蓋群山的槐樹，卻被後來發芽的其他樹木排擠到樹林的邊緣。

每當我看到槐樹的時候，與其說感到遺憾，不如說感到自豪。因爲即使是身處樹林邊緣的貧瘠土地，只要有陽光，槐樹就會大大方方地生根發芽，並盡情綻放雪白、令人喜愛的花朵。看到遠離其他樹木，在登山入口的閒適土地找到自己位置的槐樹，似乎都能聽到「不管人們是否誤會我，我都會按照自己的方式活下去」的有力抗辯。可以說，它用自己的身體證明，不與其他樹木的處境做比較，活得像自己一樣更加重要。這就是尊重自己、熱愛自己的心。我熱愛自己，那麼世上的評價和別人的肯定就不是那麼重要了。

看著槐樹，就會想起十多年前在智異山山腳下認識的一個年輕人。我和他的緣分始於有一次分著水喝，並且一起走了一段路。他說現在正準備司法考試，在三十二歲的年紀做出這個選擇應該很難，我雖然有很多疑問，但也只是靜靜地聽他說明原因。他說過去一直照顧生病的母親，爲了賺取手術費和抗癌費用，沒有什麼工作是沒做過的。但是在接受五年的治療後，母親還是去世了，他成了獨自一人。因爲很小的時候父親就過世了，所以幾乎不存在對父親的記憶，他說看到像叔叔一樣的我，覺得很親切，就跟我說了各種心裡話。

「別人都說太晚了，但是我一定要成為律師，所以想挑戰看看。」

年幼時就失去父親，這又怎會是他的錯呢？他說獨自在寡母的照顧下成長，因為家境困難，從來沒有挑食過。在二十多歲的五年黃金歲月中，他一直照顧生病的母親，從來沒有埋怨任何人。如果是我，肯定會埋怨世道，也會怨恨他人，因為太過委屈，想要墮落的誘惑也應該非常大，但他真的是開朗堅強。

應該感到羞愧的反而是我。退伍後，我到遙遠的中東國家存下了農耕資金，但三年後事業完全破產的時候，我曾經非常埋怨世界。即便我是因為不懂人情世故而失敗，但我卻把一切都歸咎於世界。當然，就算如此，也不可能有所好轉。我變成一個窮光蛋，在徬徨了一年後才恍然大悟。不管如何埋怨世界，如果我不做事，就不會有任何改變。沒有人會代替我過自己的人生，那麼剩下的只有一個選項，不管世界如何，不管別人怎麼說，我都要走自己的路。

最近三十歲的人都說自己很累，我當然不可能知道每個人的苦處。但是不管處於何種情況，現在三十歲的人最需要的正是槐樹的姿態。因為人生苦短，還在抱怨世界、覺得自己委屈的話，實在是太浪費生命了。

45

如果老是和別人處不來的話——枳樹

枳樹名義上是果樹，但果實眞不好吃，因爲太酸、太澀，在咬下的那一瞬間甚至會皺起眉頭。如果實在不好吃，哪怕是用來當柴火也好，但它的樹枝過細，連當成柴火也難以期待。不能吃，也不是非常漂亮，還沒有什麼用處，所以人們總是指著笨拙的人說「就像枳樹一樣，一點用處都沒有。」

以前去南部地方，都能輕易看到枳樹，其機率遠勝於其他樹木。因爲在房子和房子之間種植枳樹，以之作爲籬笆。枳樹不高不矮、恰好以適當的高度環繞著房屋。

早春時節，當新芽冒出時，用藤條敲打枳根的樹枝，就會自動形成剪枝。如此修剪好的樹枝長滿密密麻麻的刺，形成沒有縫隙的荊棘屏障。雖然看起來像似草率結成，但枳樹籬笆的內外連一隻黃鼠狼都無法進出。

所以以前小偷之間流傳著「千萬不要進去用枳樹圍成籬笆的家屋」這樣的話。

但是枳樹的高度並不像現在房子和房子之間的牆一樣高，所以人們會越過枳樹籬笆，與鄰居分享食物，互相問候、聊天。某個人家會以外層門爲中心，一側用枳樹築起籬笆，一側則插上稀疏的竿子種植南瓜。但是主人會將長得討人喜歡的南瓜適當分爲內、外兩部分，並且不去觸碰外側的南瓜，這意味如果飢餓的乞丐或鄰居有需要的話，都可以拿走。枳樹籬笆就存在這樣的意義。雖然生活不富裕，但該分享的仍應分享，彼此溫暖地關懷，融入敦厚的人心。

枳樹的刺也是一樣。沒有人會想到用刺把小偷趕走，實際上，枳樹的刺比起驅趕小偷，驅鬼的咒術意義更大。因此只要傳染病蔓延開來，大家都會剪下枳樹的莖部掛在門上。

但不知從何時起，隔著矮矮的枳樹籬笆，將彼此的生活加以呈現，分享人情的文化逐漸消失，取而代之的是用水泥砌成的高牆。人們每天都說自己孤獨，但絕不會拆除那堵高牆。反而不知在害怕什麼，每天都在不斷築牆。他們選擇躲在高牆內生活，而不是矮矮的枳樹籬笆，他們爲什麼要築起那一堵堵高牆呢？

去年到南部，看到久違的枳樹籬笆。兩位大嬸隔著籬笆笑著聊天，一人把西瓜切成兩半

遞給對方，另一人端著盛有煎餅的盤子遞給對方，人情味十足。對熟悉高牆的人來說，那是一道非常陌生的風景。

45 如果老是和別人處不來的話——枳樹

46

就算想搖動也可以無法動搖——朴樹

樹木的木字是模仿一棵樹立在地上形狀的象形文字。旁邊加上人字就是休息的休字，從形狀上就可以看出，人倚靠樹身，得以舒適休息的意思。可知從很久以前開始，樹木就在我們身邊，作爲撫慰疲憊身心的安身之所。農夫在烈日下務農，累的時候就會在大樹蔭下乘涼，家裡有大大小小憂患的時候，人們就會去村口的守護樹下，傾吐疲憊和痛苦的心情。如今在務農的農村，經常還是能看到長期與村民分享喜怒哀樂的老巨樹。

雖然近年來知道的人已不太多，但朴樹自古以來就和櫸樹一起守護村莊，是我們最熟悉的樹木之一。在村落入口的朴樹下，穿著白色苧麻衣服的老爺爺們手拿著扇子，悠閒地下象棋的情景是夏天農村的日常風景。

此外，海風強勁的海邊村落的守護樹大部分都是朴樹，因爲它不但和櫸樹、銀杏樹一樣能長久存活，而且具有耐鹹水和海風等頑強的生命力。尤其是漁船進出的小港口，一定會有一棵朴樹。因此，在南海海邊的村莊，朴樹被稱爲浦口樹，在濟州也有特指朴樹的方言。全北高敞的朴樹被指定爲保護樹，是現存的朴樹中最粗的，在村子前方填海造地之前，海水曾流到樹木前方，當時的漁船還曾將纜繩綁在樹幹上。

貧窮的漁民們以一艘小渡船出海之前，都會在朴樹下雙手合十祈禱，求朴樹保佑自己能平安回家。雖然過著無所依靠的艱難生活，但漁民仍以朴樹爲祈禱處，每天堅持著，並夢想能滿載而歸。朴樹活得長久甚至能超過千年，它究竟懷抱了多少人的故事呢？偶爾看著生長在南海海邊的朴樹，總能感受到它戰勝強烈海風的痕跡。貧窮的漁夫冒著狂風巨浪捕魚時，朴樹也用身體抵擋海岸洶湧的海風。

不是有人曾說過樹木是由光線設計、由風來修整嗎？冬天看到葉子都掉落的朴樹，就會因強風造成的完美幾何形狀而說不出話來。應該說這是搖動的美學吧？在如果不是自然，則絕對無法創造出絕妙的造型面前，再次領悟到人類創作的藝術作品是多麼微不足道。

樹木之所以能夠向著天空高高生長，是因爲它在風中經過無數搖晃所致。雖然花朵、果實會因寒風瞬間消失，但越是如此，根部的力量就會越加強大，對於考驗的耐性也會增大。

如果海邊的朴樹在狂風中仍堅挺不搖的話，就不會成長爲擁有如此美麗樹枝的巨樹。對於朴樹而言，搖晃是使自己變得更強、更高大的基礎。

人世間的事情與此又有何不同？在艱難的現實面前，我們每天都會動搖數次。孔子曾說四十而不惑，但是到了四十歲不再動搖的人究竟有多少呢？人類是即使受到小小的誘惑也會內心動搖，在考驗面前都會無力崩潰的存在。因此，與其費盡心思不受動搖，也許學習順勢搖晃，以之存活的方法才是明智的選擇也未可知。放鬆自我，讓全身投入到歲月的流逝中，就像在海邊的小港口迎著狂風活著的朴樹一樣。

正如詩人都鍾煥所說的，沒有不搖晃而開的花，也沒有不搖晃而直立的莖部。樹木之所以能夠高高地朝向天空生長，是因爲它在強風面前搖晃過無數次所致。雖然有時樹枝會折斷，花果也會丟失，但是最終得以抓住重心，培養自己對抗狂風的力量。人也是一樣，如果一開始就努力不想動搖，最終反而會倒下。所以不要因爲動搖而自責，即使有所動搖，但只要重新抓住重心即可。每個人都是這樣活著的，走著走著，都會在試煉面前崩潰，但又重新站起來，繼續前行。

47

想將我生命的香氣留給某人——百里香

「大哥，他們到底在拍什麼呢？那種懸崖峭壁有什麼可看的？」

在初夏陽光明媚的六月某天，一起登山的後輩指著對面的岩壁稜線問道。我看著後輩手指的方向，只見幾個勉強將身體貼在懸崖岩縫上的人正用碩大的相機不停地拍著什麼。出於好奇之心，我從背包裡拿出雙筒望遠鏡開始窺看他們。經過一番仔細觀察後，終於發現了在岩石縫隙中開得若隱若現的紫紅色花朵，那是生長在山頂岩縫裡的野生百里香。

一般人很難見到身軀比草還小，並且會散發出濃香的百里香。與其說數量少，不如說是因爲它原本就很小，不太顯眼。因此飄到我鼻內的香氣雖然會讓我不由自主地停下腳步，但在發現「是百里香啊！」的同時，卻仍然無法輕易尋見。百里香之名與其是說香氣可以散發百里之遠，不如說是香氣在百里之外仍能留存。

第一次看到百里香的人都只會覺得那是野生花，而不知道那是樹木。因爲百里香的莖部貼近地面生長，就像爬行一般。它扎根在太陽照耀的高山峭壁岩縫中，像匍匐一樣爬行，一點點伸展樹幹，就好像長在岩石上的苔蘚。它就這樣艱辛地伸展著莖部，細小柔嫩的樹枝在某一瞬間會開出只有小手指甲大小的花。

生長在高山上的百里香，其生命並不簡單。在連一把泥土都沒有的岩石縫裡生長，一生僅依靠雨水中的稀少營養維持生命。開花之後，將花香依附在吹拂過山稜線的清風，召喚其周遭的蜜蜂。然後獻給蜜蜂辛苦釀造的花蜜，靜靜地祈禱自己的分身在其他岩縫中生長。

在百里香的香氣中，能夠感受到溫室裡的花朵無法與之比擬的深度，這是否因爲花香中融入了艱難的忍耐時間？因此百里香同時擁有「香氣」和「勇氣」等兩個花語。看著在陡峭的岩石上綻放紫紅色花朵的百里香，立刻就能知道爲何會有「勇氣」這個花語。

每當面對百里香的時候，我都會想起一個人，她就是生前被稱爲「莫扎特的莫扎特」的音樂界巨匠克拉拉．哈斯基爾。俄羅斯鋼琴巨匠塔季揚娜．尼古拉耶娃這樣回憶與她的第一次見面。

「演出開始後，卡拉揚（譯注：海伯特・馮・卡拉揚是奧地利知名的指揮家）的存在就什麼都不是了。讓我哭泣的是一位矮小的佝僂老人。她把手放在鍵盤上開始演奏，我的臉頰開始滴下了眼淚。那場演出成爲我所經歷過最棒的演奏會。」

爲了支撐因病側彎的身體，克拉拉・哈斯基爾用輔助架包住背部和腰部，據以坐在鋼琴前。聽說她在六歲時，連字都看不懂，但聽了一次莫扎特的奏鳴曲後，當場就跟著彈奏起來。她十一歲考入巴黎音樂學院，十五歲以優等生的身份畢業，作爲美貌的天才少女鋼琴家，因而備受矚目。

但是天生的才能被認爲是詛咒的痛苦考驗找上了她。她十八歲時罹患細胞硬化症，這是骨骼、肌肉和細胞沾黏的不治之症，連治療都相當困難。她全身打上石膏，與病魔搏鬥了四年，但她最終還是因後遺症，成了駝背。

在患病期間，連心愛的母親也離開了她，在這段黑暗時期，她仍然沒有放棄練習鋼琴。十二年後，她又以駝背和跛行的腿重新站上舞臺。與當時用華麗的技巧展現琴藝的鋼琴家不同，哈斯基爾用最簡約的平淡演奏讓許多人流下眼淚。

但是她的考驗並沒有就此結束。緊接著爆發的第二次世界大戰，阻擋了她好不容易再次出發的前程。因爲身爲猶太人，一夜之間陷入被壓迫處境的哈斯基爾因在避難中罹患的併發症和腦中風，甚至面臨死亡關頭。在喜愛她的人們的幫助下，她好不容易接受了手術，並且艱難地活了下來，但直到戰爭結束，她只能躲藏起來，沒能彈過一次鋼琴鍵盤。

戰爭結束，當她重新站在大眾面前時，已經過了五十二歲。雖然人生過半後才有機會錄製第一張唱片，但她只因爲能彈鋼琴而感到幸福。而這個幸福也只是短暫的，在與當代最優秀的鋼琴家葛羅米歐進行演奏旅行的過程中，因眩暈症從火車站臺階上滾了下來。

「明天的演出好像不太可能了，你轉告給葛羅米歐吧。」

在醫院給弟弟留下的這一句話成了她的遺言。

正如花木有香味，人也有香氣。患有脊椎殘疾的鋼琴家克拉拉．哈斯基爾留下的濃烈香氣似乎反而讓她在死後更加散發出感動人的氣息。她演奏的曲子正如在岩縫中散發難忘香氣的百里香一般，伴隨著她曲折的人生，帶給很多人安慰。一生爲罕見病所苦，但她從未埋怨過自己的生命。直到最後一刻還用優美的音樂安慰人心的她，據說生前曾留下這樣的話：

「我一直站在懸崖邊上，而因毫髮之差，我從來沒有從懸崖上滾下來。那是神的幫助，有力氣乞食也是值得感謝的事情。」

無論是多麼激越的曲子，經由她的手之後，就會變得無限柔和，並且溫暖地昇華，這難道不是因爲她在痛苦中綻放的美麗香氣嗎？連試煉都懂得感恩的人留下的香氣就這樣久久地保留下來，向人們傳達溫暖的慰藉。也許正因如此，我突然開始反思自己的生命究竟擁有怎樣的香氣。希望至少不是貪得無厭、散發惡臭的生命，即使不是百里香，也希望是能夠長久被記憶的美麗香氣……。

衆生系列　JP0185

樹木教我的人生課：遇到問題時，我總是在不知不覺間，向樹木尋找答案……
나는나무에게인생을배웠다

作　　者／禹鐘榮（우종영）
譯　　者／盧鴻金
責任編輯／丁品方
業　　務／顏宏紋

總 編 輯／張嘉芳
出　　版／橡樹林文化
城邦文化事業股份有限公司
104台北市民生東路二段141號5樓
電話：(02)2500-7696　傳眞：(02)2500-1951
發　　行／英屬蓋曼群島商家庭傳媒股份有限公司城邦分公司
104台北市中山區民生東路二段141號2樓
客服服務專線：(02)25007718；25001991
24小時傳眞專線：(02)25001990；25001991
服務時間：週一至週五上午09:30～12:00；下午13:30～17:00
劃撥帳號：19863813　戶名：書虫股份有限公司
讀者服務信箱：service@readingclub.com.tw
香港發行所／城邦（香港）出版集團有限公司
香港灣仔駱克道193號東超商業中心1樓
電話：(852)25086231　傳眞：(852)25789337
Email: hkcite@biznetvigator.com
馬新發行所／城邦（馬新）出版集團【Cité (M) Sdn.Bhd. (458372 U)】
41, Jalan Radin Anum, Bandar Baru Sri Petaling,
57000 Kuala Lumpur, Malaysia.
電話：(603) 90578822　傳眞：(603) 90576622
Email：cite@cite.com.my

內　　文／歐陽碧智
封　　面／兩棵酸梅
印　　刷／韋懋實業有限公司

初版一刷／2021年10月
ISBN／978-986-06890-8-2
定價／450元

城邦讀書花園
www.cite.com.tw

國家圖書館出版品預行編目（CIP）資料

樹木教我的人生課：遇到問題時，我總是在不知不覺間，向樹木尋找答案……/禹鐘榮著；盧鴻金譯. -- 初版. -- 臺北市：橡樹林文化，城邦文化事業股份有限公司出版：英屬蓋曼群島商家庭傳媒股份有限公司城邦分公司發行，2021.10
面；　公分. --（衆生；JP0185）
譯自：나는나무에게인생을배웠다
ISBN 978-986-06890-8-2（平裝）

1.人生哲學　2.生活指導

191.9　　110016541

廣　告　回　函
北區郵政管理局登記證
北 台 字 第 10158 號

郵資已付　免貼郵票

104 台北市中山區民生東路二段 141 號 5 樓

城邦文化事業股份有限公司

橡樹林出版事業部　收

請沿虛線剪下對折裝訂寄回，謝謝！

|橡|樹|林|

書名：樹木教我的人生課　書號：JP0185

橡樹林文化
讀者回函卡

感謝您對橡樹林出版社之支持，請將您的建議提供給我們參考與改進；請別忘了給我們一些鼓勵，我們會更加努力，出版好書與您結緣。

姓名：＿＿＿＿＿＿＿＿＿＿ □女 □男 生日：西元＿＿＿＿＿年

Email：＿＿＿＿＿＿＿＿＿＿＿＿＿＿＿＿＿＿＿＿

●您從何處知道此書？

□書店 □書訊 □書評 □報紙 □廣播 □網路 □廣告 DM □親友介紹

□橡樹林電子報 □其他＿＿＿＿＿＿＿＿

●您以何種方式購買本書？

□誠品書店 □誠品網路書店 □金石堂書店 □金石堂網路書店

□博客來網路書店 □其他＿＿＿＿＿＿＿＿

●您希望我們未來出版哪一種主題的書？（可複選）

□佛法生活應用 □教理 □實修法門介紹 □大師開示 □大師傳記

□佛教圖解百科 □其他＿＿＿＿＿＿＿＿

●您對本書的建議：

＿＿＿＿＿＿＿＿＿＿＿＿＿＿＿＿＿＿＿＿＿＿＿＿

＿＿＿＿＿＿＿＿＿＿＿＿＿＿＿＿＿＿＿＿＿＿＿＿

＿＿＿＿＿＿＿＿＿＿＿＿＿＿＿＿＿＿＿＿＿＿＿＿

＿＿＿＿＿＿＿＿＿＿＿＿＿＿＿＿＿＿＿＿＿＿＿＿

＿＿＿＿＿＿＿＿＿＿＿＿＿＿＿＿＿＿＿＿＿＿＿＿

我已經完全瞭解左述內容，並同意本人資料依上述範圍內使用。

＿＿＿＿＿＿＿＿＿＿＿＿＿（簽名）

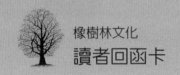